基于创新人才培养的高校图书馆大学生信息素质教育研究

张雪莲　著

中国大地出版社
·北　京·

U0893190

图书在版编目（CIP）数据

基于创新人才培养的高校图书馆大学生信息素质教育研究 / 张雪莲著. -- 北京 : 中国大地出版社, 2018.12
（2025.1 重印）
ISBN 978-7-5200-0305-6

Ⅰ. ①基… Ⅱ. ①张… Ⅲ. ①院校图书馆－大学生－信息素养－信息教育－教育研究 Ⅳ. ①G258.6
②G254.97

中国版本图书馆 CIP 数据核字(2018)第 253317 号

JIYU CHUANGXIN RENCAI PEIYANG DE GAOXIAO TUSHUGUAN
DAXUESHENG XINXI SUZHI JIAOYU

责任编辑：王雪静 刘英雪
责任校对：李玫
出版发行：中国大地出版社
社址邮编：北京市海淀区学院路31号，100083
电　　话：(010)66554542（编辑室）
网　　址：http：//www.chinalandpress.com
传　　真：(010)66554577
印　　刷：北京地大彩印有限公司
开　　本：787mm×1092mm 1/16
印　　张：11.75
字　　数：220千字
版　　次：2018年12月北京第1版
印　　次：2025年1月北京第2次印刷
定　　价：48.00元
书　　号：ISBN 978-7-5200-0305-6

（如对本书有建议或意见，敬请致电本社；如本书有印装问题，本社负责调换）

前　言

高校图书馆作为学校的文献资料信息中心和教学科研服务的学术性机构，是对大学生进行信息素质教育的重要基地。如何利用高校图书馆信息资源的优势来进行大学生的信息素质教育，是高校图书馆界面临的一个重要的研究课题。现代教育必须依赖于图书馆，其原因在于现代科学正处于喷发式的群体发展阶段，科技进步和社会发展的国际化、信息化向现代教育提出了全新的要求，即培养能对社会生活做出积极反应，具有创新能力的社会新人。

鉴于此，笔者撰写了《基于创新人才培养的高校图书馆大学生信息素质教育研究》一书。全书共五章，第一章以信息基础知识的概述，信息与知识、情报、文献的关系还有信息源概论为铺垫，为全书的论述打下基础；第二章介绍了信息素质教育的基础知识，信息素养教育的重要性、原则与途径的相关研究，大学生信息素质教育的内容、评价标准，以及国内外信息素养教育研究状况分析、影响我国大学生素质教育的因素；第三章研究了大学生创新能力与信息素质教育的创新能力的概念与内涵，概述了我国大学生信息素质教育进展状况，并对创新教育与信息素质的关系及大学生信息素质教育与创新能力展开了相关探索；第四章解读了高校图书馆的基础认知与图书馆信息素质教育研究，其中包括图书馆的概念解读，图书馆的发展历程研究，高校图书馆服务内容解析，图书馆信息素质教育优势与问题以及大学生创新能力培养探究；第五章讲述了基于创新人才培养视域的高校图书馆信息素质教育研究，分别为在线信息素质教育的综合认知，高校层阶式信息素质教育信息平台构建研究，信息资源收集、存储、使用以及版权问题研究，信息素质教育信息数据库的相关研究和特种文献检索的相关研究。

本书内容丰富、知识结构合理、学术性较强，且在研究方法、研究视野、框架体系的建构方面，都具有独特性。本书从理论和实践两个方面对创新人才培养视角下的高校图书馆信息素质教育进行研究，强调理论的内在逻辑联系，因而显示出清晰的层次性、条理性和逻辑性。

本书在写作过程中，一方面结合了笔者近几年的研究成果，另一方面也参考和借鉴了国内外学者的相关理论和研究，具体已在参考文献中一一列出，在此深表谢意。由于时间紧迫，书中不足之处在所难免，烦请大家提出宝贵意见以便修正。

张雪莲

2018 年 6 月

前　言

目　录

第一章　信息基础知识的认知 1

第一节　信息概述 1
第二节　信息与知识、情报、文献的关系 12
第三节　信息资源概论 17
第四节　信息资源的收集、存储、使用以及版权问题研究 24

第二章　信息素质教育的基础认知 35

第一节　信息素质的基础认知 35
第二节　信息素质教育的重要性、原则与途径的相关研究 39
第三节　大学生信息素质教育的内容解读 42
第四节　大学生信息素质评价标准分析 49
第五节　国内外信息素质教育研究状况分析 52
第六节　影响我国大学生素质教育的因素 59

第三章　大学生创新能力与信息素质教育研究 64

第一节　创新能力的概念与内涵 64
第二节　我国大学生信息素质教育进展状况分析 73
第三节　创新教育与信息素质的相关探索 79
第四节　大学生信息素质教育与创新能力的相关探索 85

第四章　高校图书馆的基础认知与图书馆信息素质教育研究 93

第一节　图书馆的概念解读 93
第二节　图书馆的发展历程研究 97
第三节　高校图书馆服务内容解析 101
第四节　图书馆信息素质教育探索 106
第五节　图书馆信息素质教育的优势与问题 113
第六节　高校图书馆信息素质教育与大学生创新能力的培养 120

第五章　基于创新人才培养视域的高校图书馆信息素质教育研究 123

第一节　在线信息素质教育的综合认知 123

第二节　高校层阶式信息素质教育信息平台构建研究 166

第三节　信息素质教育信息数据库的相关研究 178

参考文献 179

第一章　信息基础知识的认知

所谓信息，就是指音讯、消息、通讯系统传输和处理的对象。人们通过获得、识别自然界和社会的不同信息来区别不同事物，得以认知和改造世界。

第一节　信息概述

一、信息的含义

“信息”一词作为科学术语，最早出现在哈特莱(R.V.Hartley)于1928年写的《信息传输》一文中。他认为“信息是指有新内容、新知识的消息”，“信息是代码、符号、序列所承载的内容”，第一次提出了信息的概念，为信息论的创立提供了思路(沙勇忠，2004)。

20世纪40年代后期，“信息”是哲学、数学、系统论、控制论、经济学、管理学等诸多学科共同讨论和使用的重要概念之一，应用于自然科学和社会科学的许多领域。1948年和1949年，美国著名数学家、信息论的创始人香农(C.E.Shannon)连续发表两篇论文，即《通信的数学理论》和《噪声下的通信》，提出了信息量的概念和信息熵的计算方法，认为“信息是用以消除随机不确定性的东西。”这一定义被称为经典香农信息定义，香农也因此被称为“信息论之父”。

1948年，美国著名数学家、控制论的创始人维纳(Norbert Wiener)出版了专著《控制论——动物和机器中的通信与控制问题》，创立了控制论。他认为“信息是人们在适应外部世界、控制外部世界的过程中同外部世界交换的内容的名称”，他指出：“信息就是信息，既非物质，也非能量。”[1]这就是经典的维纳信息定义。它深刻揭示了信息的重要地位——信息与物质、能量为客观世界的三大构成要素。

1956年，控制论的另一位重要的奠基人——英国生物学家艾什比(W.R.Ashby)

---

[1]诺伯特·维纳(Norbert Wiener)(1894年11月26日－1964年3月18日)，美国应用数学家，控制论的创始人，在电子工程方面贡献良多。他是随机过程和噪声过程的先驱，又提出了“控制论”的一词。

在其出版的《控制论导引》一书中，提出“信息是集合的变异度”，认为信息的本性在于事物本身具有变异度。

1984 年，我国哲学家黎鸣在其发表的《论信息》一文中，把信息定义为：“信息是物质的普遍属性；它表述它所属的物质系统，在同任何其他物质系统全面相互作用(或联系)的过程中，以质、能波动的形式所呈现的结构、状态和历史。”

1988 年，我国信息论专家钟义信在《信息科学原理》一书中提出“全信息”的概念：“信息是事物运动的状态及其改变方式”，并通过引入约束条件推导了信息的概念体系，对信息进行了完整和准确的描述。在 2002 年第 3 版的《信息科学原理》中，钟义信进一步把信息定义修正为“本体论层次的信息定义：某事物的本体论层次信息，就是该事物运动的状态和状态变化方式的自我表述、自我显示。”

《辞海》对信息的定义是：音信、消息；通信系统传输和处理的对象，泛指消息和信号的具体内容和意义，通常须通过处理和分析来提取。信息的量值具有不确定性，通常与信息的预估可能性成反比。倘若信息的内容和含义的预估可能性越小，则信息的量值就越大。

二、信息的特征与性质

(一) 信息的特征

从不同的角度分析，信息具有不同的特征，信息论著名的专家钟义信先生对信息科学理论的研究表明，信息具有以下明显的特征：

(1) 信息源于一切物质而非物质本身；信息源于精神领域但非受限于精神世界。

(2) 信息给予人知识和智慧，它与能量紧密联系又有一定的区别，能量给予人动力和力量。

(3) 信息可以被提炼成为知识，具有知识的秉性，但信息本身不等于就是知识。

(4) 信息是具体的，可以被传输、存储、提取、加工、变换、检索和利用等。

(5) 信息是一种共享的资源，可以被复制，可以被共享。

(二) 信息的基本性质

通过多元化立体的研究，人类社会对信息的基本性质有了更深的认识。

(1) 普遍性：信息在自然界、人类社会和人类的思维领域中普遍存在。信息无处不在，无时不在，事事有信息，时时有信息，处处有信息。

(2) 客观性：信息是客观现实的反映，不随人的主观意志而改变。

(3) 相对性：与爱因斯坦的相对论一样，不同的个体从同一事物上获取信息的质与量会有所不同。

(4) 传递性：任何信息只有从信息源出发，经过信息载体传递才能被信宿接收并进行处理和运用。也就是说，信息可以在时间上或空间上从一点传递到另一点，可以通过各种媒介在人－人、人－物、物－物等之间传递。

(5) 动态性：信息具有动态性质，一切动态信息都会随时间而变化。社会的与时俱进、万物的更替迭代都成为信息动态化的催化剂，不管从内容上、形式上还是容量上都会发生巨大的变化。

(6) 时效性：信息的瞬息万变是它的动态性，而信息的固有价值则会因时间的推移而逐渐减小，这就是信息的时效性。信息的价值与其所处的时间成反比，信息一经生成，其反映的内容越新，它的价值越大；反之，时间延长，价值随之减小，一旦超过其“生命周期”，价值就消失。

(7) 共享性：信息可由不同个体或群体在同一时间或不同时间共同享用，而且还能够无限地复制、传递。

(8) 变换性：信息搭载的渠道和方式是具有变换性的。

(9) 依附性：信息必须依附于某一载体而存在，不可独立存在，且同一信息的依附载体可以不同。

(10) 转化性：在信息有效地被人们利用后则会发生转化，转化的形式可以是物质上的、能量上的、时间上的或是其他方面的。

(11) 价值性：信息可对社会经济活动产生有价值性的影响，可以满足人们对精神领域的需求，可以促进物质能量的生产和使用。

了解信息的这些特征与性质，一方面有助于对信息概念的进一步理解，增强对信息的敏感性、洞察力和需求感，树立信息需求意识；另一方面也有助于更好地发掘信息的价值，使人们更有效地掌握信息和利用信息。

三、信息的分类

信息可以从不同角度来分类。

按照信息的性质，信息可以分为以下几类。

(1) 语法信息：考虑事物的存在方式和运动状态的形式因素的信息。它是信息最基本、最抽象的一种形式，是认识主体感知或表述的事物运动状态和特征的形式化关系，它只涉及事物运动的结构，即只考虑状态和状态之间的关系，也就是说，只表述客观事物的运动状态而不考虑其意义的符号排列和组合。

(2) 语义信息：考虑事物的存在方式和运动状态的内容因素的信息。

(3) 语用信息：指与效用相联系的认识论信息。

(4) 按照信息的地位，信息可以分为：客观信息、主观信息。

(5) 按照信息的作用，信息可以分为：有用信息、无用信息和干扰信息。

(6) 按照信息的应用部门，信息可以分为：工业信息、农业信息、军事信息、政治信息、科技信息、文化信息、经济信息、市场信息和管理信息等。

(7) 按照携带信息的信号的性质，信息可以分为：连续信息、离散信息和半连续信息等。

(8) 按照信息的价值，信息可以分为：有用信息、无害信息和有害信息。

(9) 按照信息的生成领域，信息可以分为：宇宙信息、自然信息、社会信息、思维信息等。

(10) 按照信息的反映形式，信息可以分为：数字信息、图像信息和声音信息等。

(11) 按照信息的载体，信息可以分为：文字信息、声像信息和实物信息。

(12) 按照信息的获取方式，信息可以分为：直接信息和间接信息。

四、信息的形态

信息是看不见、摸不着的，只有通过一定的媒介或载体进行传递时才表现出一定的形态，其形态随着载体的发展而发展。目前，信息一般表现为五种形态：数据信息、文本信息、声音信息、图像信息和多媒体信息。数据信息是指电子计算机能够生成和处理的所有事实、数字、文字、符号等。文本信息是指书写的语言——“书面语”。从技术上说，文本可以手写，也可以用机器印刷出来。声音信息主要指说话的声音和音乐。处理这些信息的工具有无线电、电话、唱片、录音机等。图像信息是指人们能用眼睛看见的信息，处理它们的工具有复印机、传真机、打印机、扫描机等。多媒体信息是文本、声音和图像信息的综合。当数字化了的信息被输入计算机或从计算机中被输出，数字就可以用来表示上述这些形态中的任何一种或所有的形态。

五、信息的功能

信息的功能是信息属性的体现，主要表现为以下几个方面。

(一) 信息是认识客体的中介

信息是主体认识客体的中介，它无形中成了事物之间的有效桥梁和媒介，始终作用于人类的认知活动过程。无论从物质到意识，从实践到认识，还是从主体到客体，信息都在其中不断运动，发挥着它的作用。在这个过程中，物质通过信息转化成意识，而意识又经过信息转变成特质。主体不断地从客观世界获得信息，并对信息进行加工处理形成新的信息、知识。

(二) 信息是人类思维的材料

有人说过，人类思维材料的传媒是图书。没错，图书蕴含着大量的信息，而人脑则对这些由感官神经系统输送来的信息进行意识处理，思维最初是人脑借助于语言对客观事物的概括过程和间接的反映过程。思维对事物的间接反映，是指它通过其他媒介认识客观事物，以及借助于已有的知识和经验、已知的条件推测未知的事物。信息则是其中的媒介，决定了思维的发展方向。总的来说，信息量越大，思维频率越高。

(三) 信息是科学决策的依据

随着社会问题的日益复杂化，人们对决策的要求越来越高，仅凭个人直接经验和主观认识经验的决策也越来越多地让位于具有领先科学技术方法和流程的科学决策。科学决策也称理性决策，是指在科学的决策理论指导下，以科学的思维方式，应用各种科学的分析手段与方法，按照科学的决策程序进行的符合客观实际的决策活动。决策一般都经过发现问题、确定目标、调查研究、拟订方案、分析评估、选优决断、试验反馈、修正追踪等步骤。为了确保每一个步骤具有科学有效性，决策的过程一定要遵循现代的科学技术和科学方法，而其依据便是完整准确的信息。决策是一个提出问题、分析问题、解决问题的完整的动态过程。遵循科学的决策程序，才能做出正确的决策。

六、与信息相关的几个概念

(一) 知识

经济学家德鲁克认为 20 世纪煽动社会变革的发端不是电脑、核能开发、空间探索等重大科技，而是第二次世界大战结束后美国士兵权利宣言的发表，它意味着知识社会的兴起。❶奈比特在他的《大趋势》一书中写道："信息社会里知识是最重要的因素"，"……知识是我们经济社会的驱动力，新的权利的来源不是少数人手中的金钱，而是多数人手中的信息"，"知识已成为工业最重要的中心资源"。由此可见，未来社会是一个知识富有者的社会，知识将成为知识社会的核心。

知识的定义和分类，由于选择的角度不同而形态多样。经济合作与发展组织(OCED)出版的《以知识为基础的经济报告》，将知识分为四类：第一类知识是"知事(know-what)"，指关于事实方面的知识，也可理解为know-when、know-where，即在什么样的时间(know-when)、什么样的地点或条件下(know-where)能解决什么样的问题；第二类知识是"知因(know-why)"，指自然原理和规律方面的科学理论，这部分知识的生产主要是在专门研究机构如实验室和大学完成的；第三类知识是"知道怎样做的知识(Know-how)"，指做某些事情的技艺和能力，这部分被称为技术情报和商业秘密，如企业开发和保存于其内部的技术诀窍或专有技术；第四类知识是"谁以及是怎样创造的知识(Know-who)"，侧重于对创造思想、方法、手段、过程以及其特点等的了解。马克卢普在《美国的知识生产和分配》一书中区分了五种类型的知识：实用知识、学术知识、闲谈和消遣知识、精神知识和不需要的知识。而丹尼尔·贝尔认为知识是一种精神财富，被版权或其他一种社会承认的形式所认可。他其实是对知识从商品角度进行了定义。从商品经济的角度出发，我们可以这样将知识按其属性分为四类：第一类知识是人类对自然界的共同认识，属于人类公共产品，即是什么、为什么的知识。第二类是将第一类知识具体地应用，即技术诀窍。这类知识往往以物的形式体现出来，或作为隐性知识固化于人的头脑里，这些知识具有商品的属性。隐性知识是最难获得的知识，隐性知识的取得和管理是知识管理中难度最大的一个环节；第三类知识是管理知识，它是一种交叉性的科学知识，它不直接生产物质产品，但却能将各种资源有效地组织起来，决定着其他知识的发挥程度，这部分知识也具有商品属性；第四类知识是社会知识，一般不具有商品属性。

尽管"什么是知识"这个问题激发了世界上众多伟大思想家的兴趣，但至今也没有一个统一而明确的界定。知识也是人类在实践中认识客观世界(包括人类自身)的成果，它包括事实、信息的描述或在教育和实践中获得的技能。知识是人类从各个途径中获得的经过提升、总结与凝练的系统的认识。在哲学中，关于知识的研究叫作认识论，知识的获取涉及许多复杂的过程：感觉、交流、推理。知识也可以看成是构成人类智慧的最根本的因素。因此，知识是符合文明方向的、人类对物质世界以及精神世界探索的信息的总和。

---

❶彼得·德鲁克(Peter F.Drucker，1909.11.19-2005.11.11)，现代管理学之父，其著作影响了数代追求创新以及最佳管理实践的学者和企业家们，各类商业管理课程也都深受彼得·德鲁克思想的影响。

（二）情报

据粗略统计，目前国内外有关情报的定义达到几十种，由于研究角度不同，其定义的内容也就不同。作为一个发展中的概念在不同历史时期其社会功能和概念有所不同。古代，情报首先产生于军事领域，1939 年 10 月版辞海对情报的定义是：“战时关于敌情之报告，曰情报。”20 世纪 50 年代，由于苏联先进的科学技术和科技信息工作的基本知识开始传入中国，苏联将“information”一词翻译成情报，因此在那样一种特定历史条件下被译为“情报”传入我国。“information”本应译为“信息”，但是，我国经济和社会发展的历史，使“信息”这一术语在 20 世纪 80 年代才流传使用。1992 年第八次全国科技情报工作会议之后，一大批科技情报机构的名称开始改称信息部门。与信息科技、数据库开发与建设、信息提供与咨询服务业、多媒体传播有密切关系的“信息”术语开始席卷全国，并在一定程度上包括或取代了“情报”概念。“信息”这一术语已为社会所广泛接受，“信息”已和国际社会的“information”概念接轨。另外，在日本科学界一直在使用“情报”这一术语，但是需要指出的是，日语中汉字“情报”的概念是一个比中文“情报”概念更广泛的概念，是与英文的“information”和中文的“信息”相对应的语义概念。但是在“情报产业”这一日语汉字术语中，“情报”则是专指计算机软件产业。

随着知识的大量涌现、信息加工处理技术的不断更新，现代人多是从知识、信息及情报的社会功能等角度来认识情报。对情报的定义也开始强调情报的针对性和有用性。为解决情报爆炸给提供有效情报服务带来的困难，情报分析工作受到重视，情报概念也发展成为决策服务的分析研究概念，如情报是判断、意志、决心、行动所需要的能指引方向的知识和智慧，因此情报的概念经历了消息传递、有序检索、特定提供和决策等历程。无论是从语义角度，还是从知识、信息角度对情报进行定义，其共同点都是将情报与知识的概念联系在一起，把知识性和传递性及效用性看作情报的基本属性。

（三）资讯

“资讯”是我国台湾地区广为应用的术语，它与“信息”和“情报”的基本内涵是一致的，对大体相同的概念采用了不同的术语，这是由于海峡两岸在学术上彼此缺乏交流而形成的。随着信息技术特别是计算机和通信技术日新月异的发展，“资讯”一词也像大陆“信息”一词一样，同计算机和通信网络技术以及软件技术的关系密不可分。

（四）数据

在信息界，多数人会同意这样一种说法，即在信息和数据的概念层次关系中，信息是上位类概念，数据是其下位类概念，是信息的一部分。但是也有人认为数据和信息是极其相同或相近的概念。数据被认为是反映客观事物表征和性质的基本事实，是未经分析和估价的原始信息材料。根据信息学专家霍顿的观点，数据经过加工和分析综合后，就成为有用的信息。数据有多种存在形式，但大体分为三类：一是数值数据，二是事实数据，三是文献目录数据。国际科学联合理事会所属数据委员会(CODATA)曾把各种形式的数据归纳为 15 类，例如可重复测试数据、一次测试数据、观测实验数据、理论计算导出数据、数值数据、图形数据等。

（五）信息化

信息化是一个相对的概念，其内涵和外延随着社会的发展不断地扩展和深入。信息化建设既是利用现代化技术，也是通过现代化手段来实现单个或多个领域的支撑品牌管理的过程。它体现了社会整体及各个领域的信息获取、处理、传递、利用的能力和水平，是全方位地推动人类发展进步的动态系统过程。我国学者从其研究领域出发，对信息化进行了学科范围内的解释。虽然没有一个统一的定义，但学者们在以下几点上达成了共识，即信息化是从工业社会向信息社会转变的一个历史性的、渐进的过程，脑力劳动取代了体力劳动，知识成为创造财富的主要资源；信息化强调的是信息的获取、处理、传递、存贮和利用的过程；信息化的实质是不断扩大信息技术在社会各个领域的应用和服务，提高信息资源的共享程度；信息化是一个完整的循环系统，以信息增值为目的；信息化的最终目的是促进人类社会的全面进步和发展。

信息化是人类社会进步发展的一个新阶段。信息化在 20 世纪下半叶，经历了计算机时代和网络时代两个发展阶段，信息化发展的趋势是全球化和社会化。信息化将全世界联结为一个整体，取消了时间和距离的概念，网络使全球变成了一个小小的地球数字村。传统的工作方式、生产方式、生活方式、思维方式在信息化的发展潮流中必须改变，从而使人类社会最终进入一个全新的信息社会。十五届五中全会确立的国家信息化战略是一项宏大的社会系统工程，它为我们勾勒出了未来信息化中国的美好蓝图，即按照区域和城市信息化、企业信息化、政府信息化、行业信息化和社会信息化的方向，开创有中国特色的信息化发展道路。

（六）信息社会

从字面上理解，信息社会是信息将起重要作用的社会。信息社会是 20 世纪 60 年代由西方学者提出来的一种社会模式。在不同的社会历史变革中，它也被称为后工业社会、超工业社会、信息化的社会、知识社会或情报社会。信息社会这一概念首先由美国著名社会学家丹尼尔·贝尔提出，这概念是由他提出的“后工业社会”演变而来的，他认为社会发生变革的直接力量是理论化知识的传播，用“信息社会”来概括和总结未来的社会要比用“后工业社会”更为确切。在贝尔的理论基础上，美国未来学家阿尔温·托夫勒认为信息社会是科学技术的第三次浪潮，物质、能量、信息是自然界提供的为人类的创造活动所必需的三个因素，而信息又是当今世界最重要的、取之不尽的资源。正如农业社会会被工业社会取代那样，信息社会取代工业社会成为必然。信息社会的特征表现为：高速发展的计算机技术、信息网络技术成为信息社会的支撑；信息的重要性及价值性超过了有形物质的价值；信息产业成为社会产业结构中的第四产业并且占据了重要地位；社会的产业组织形式以信息中心、信息站等为主；在社会的发展过程中，信息、知识、智能成为重要的社会财富。

20 世纪 80 年代以来，信息技术的发展速度令人始料未及，计算机的广泛应用、软件技术、数据库管理技术及网络技术的发展使我国的信息社会经历了四个阶段：第一阶段是萌芽阶段，这一阶段主要以基础建设为主，投入大量的硬件，是信息技术的应用阶段；第二阶段是信息社会的起始阶段，在这一阶段中，主要表现为自主产权的软硬件技术发展及信息产业的形成，是信息产业的发展阶段；第三阶段是信息社会的经济推进阶段，在这一阶段中，信息技术广泛应用到了社会经济的各个领域；第四阶段是信息社会的高级阶段，在这一阶段，以电子政务、电子商务为起点，信息作为生产资料和商品在经济生活中处于重要地位，技术成为信息获取、加工、传播、应用的工具。

（七）知识经济

经济合作与发展组织在 1996 年提出了以知识为基础的经济的概念，当前有关知识经济范畴的概念有许多，如知识经济、以知识为基础的经济、知识经济时代、知识时代、知识社会等，此外相近的还有信息时代、信息经济、网络经济等，这都是从不同角度在看待人类 21 世纪将面临的一种崭新的经济和社会形态。同时也反映了知识经济在理论上尚未形成成熟的体系。有人认为我们已经到了知识经济时代，有人则认为没有。不管它是否已经到来，它必将是一个新的社会经济形态。

对于知识经济的理解，不同的人有不同的看法：知识经济是以知识为基础的经济，是人类知识特别是科学技术方面知识的历史产物。知识经济的标志特征是资源利用智力化、资产投入无形化、知识利用产业化、经济发展可持续化、世界经济全球化、企业发展虚拟化和人均收入差距扩大化。总的来说，在知识的基础上形成的科技实力成了重要的竞争力。知识经济是新的信息革命导致知识共享以高效率产生新知识时代的产物。无论是从哪个角度提出的概念，都说明了这一新经济形态是和农业经济、工业经济相对应的一个概念，是建立在知识和信息的生产、分配和使用基础上，以智力资源为依托、以各种高新科技产业为支柱、以不断创新为灵魂和内核、以继续教育与素质教育为本源的一种经济形态。

当今社会，知识经济正在给世界的经济发展与社会发展注入更大的活力和带来更好的际遇。科技实力正在成为重要的竞争力，创新型企业成为时代发展的先驱和主流。

（八）知本家

19 世纪后期，特别是 20 世纪中叶以来，一个新的利益集团——知本家产生了，它是以智力成果或智力劳动作为资本而牟利的集团，它正逐渐地改变着现行的社会利益结构。知本家是利用自身拥有的高新知识创造财富的成功人士，即以知识为本的人。知本家最集中、表现最明显的领域是 IT 界人士。

究竟什么样的人才能将其称为知本家呢?并不是只要拥有知识的人就称其为知本家，知本家拥有知识，但拥有知识的人又不一定就能称为知本家。知本家是如今时髦、风光和令人向往的群体之一，是利用高新知识创造财富的成功人士。他们从事脑力劳动，通过把劳动过程与科学知识进行有效的整合、融会贯通，从而高效率地生产出具有更高含金量和价值的产品和财富。知本家具备对信息资源整合的能力、主观思考的能力、创新的能力和科学决策的能力。简单地说，知本家就是以知识为本并创造财富的人。

知本家充任知识经济时代的财富创造者，应该具备对事物主动思考和质疑的能力，有对信息综合比较的能力，不断创新的能力，运筹帷幄、决胜千里的决策能力。培育知本家是知识经济时代最主要的任务。

（九）信息基础结构

“信息基础结构”(Information Infrastructure)形成于 20 世纪 70 年代的美国，而后在联合国教科文组织的“世界科学信息系统计划”(UNISIST)推动下在北美、欧洲、日本以及发展中国家中流通开来。其主要内容包括：信息政策、法规、标准、协议；各种形式的信息资源和数据库资源；信息系统、机构和信息服务部门；各种信息设施，包括信息采集、加工、传播的设备和设施、计算机系统设施、通信设施、缩微复印设施、视听设施、多媒体设施；网络资源和网络设施；信息人力资源以及信息教育与培训的系统与设施。信息基础结构是一个国家、一个机构、一个系统或一个单位开展信息活动的综合基础，是它们的信息事业、信息服务业、信息产业及信息经济赖以发展的条件和基础。信息基础结构的水平高低是一个国家、系统、机构或部门信息技术及信息经济实力发展水平、信息技术水平、信息资源水平、信息采集加工和服务水平、计算机与通信水平的综合体现。美国克林顿政府于 1993 年 9 月正式颁布了《美国国家信息基础结构：行动计划》，即通称的信息高速公路建设计划。我国的国家信息基础结构建设计划也在 1994 年随着“金桥”“金卡”“金关”和“科教网”项目的启动而被列入国家建设的议事日程。综观国内外，一个全球性的兴建“信息高速公路”和实施“国家信息基础结构”这一术语和概念的内涵及其重要意义正越来越受到人们的重视。

（十）信息管理

信息管理不仅是信息工作的一部分，而且已被认为是各种现代化生产活动和现代管理的重要组成部分。“信息管理”这一概念的出现与世界信息量快速增长、信息技术日新月异、信息产业强劲发展有关。“信息管理”有两个层次的含义：一是就信息自身而言的信息管理；二是就整个社会和每个机构中的信息有效流通和利用而言的信息管理。就信息自身而言的信息管理是指为了达到对信息的最佳采集、加工、存储、流通和服务效果的一种管理，也是对信息本身实行的计划、预算、组织、引导、培训和控制；就第二个层次上的含义而言，“信息管理”是一种将各种专门管理就范于标准管理程序和控制，来实现信息活动价值和利润的一种管理。信息管理的内容包括：数据加工、文字加工、电讯信息、纸品文件和记录品的管理，图书馆和信息服务中心的管理，信息系统和网络管理，信息服务管理，信息活动的经费管理，信息产品的开发、经营和市场管理等。信息管理的效果取决于信息管理的三个要素：一是要对整个信息管理实行计划与规划，任何信息活动都必须重视质量、价值和成本的管理；二是要对所有信息活动实行预算管理；三是要进行信息活动的成本核算。

（十一）信息产业

信息是国家的重要资源和财富，是科学技术、经济和社会发展不可缺少的基础。

信息产业则是保证信息资源的开发利用、支持以信息经济为主体的信息社会的支柱产业。当今世界，信息产业的发展水平已成为衡量一个国家发展水平和综合国力的重要尺度。信息产业的主要领域包括计算机和软件产业、电子信息媒介业、信息服务业。信息服务业又包括新闻报道业、出版业、咨询业、教育业等。新闻报道业的发展以其技术创新为标志，大体经历了三个时期：20 世纪 60 年代以电传自动排铸机为代表的自动系统化时期；70 年代利用电子计算机实现的电子化时期；80 年代随着激光排版的应用，该产业从传统产业的框架中脱颖而出，向计算机与通信技术的复合化和综合化方向发展。出版业是继承和发展人类社会文明、向社会提供精神食粮和积累精神财富的一个行业。它随着人类文字的产生而产生，并存在于世界上的每一个国家。现代出版企业不仅在出版技术上力求高效率，在发行、销售、经营策略上，也力求复合化或专业化。咨询业是近代新兴的一个行业，它的存在系以数据库为基础。随着信息系统的建成，咨询业便有了发展的重要条件。咨询业是信息服务的一种形式，现在的咨询业，几乎遍布社会经济生活的各个领域。世界著名的咨询研究机构有美国的兰德公司和日本的野村研究所。

第二节　信息与知识、情报、文献的关系

一、知识

知识是人类在改造客观世界的实践中获得的认识与经验的总结，是人的主观世界对于客观世界的概括和如实反映，是人的大脑通过思维对客观事物本质与规律性的认识和掌握。

知识是人类通过信息对自然界、人类社会以及思维方式与运动规律的认识，是人的大脑通过思维加工重新组合的系统化信息的集合，它是对信息进行提炼、深化、抽象化、系统化的结果，是信息中最有价值的部分。因此，人类不仅要通过信息感知、认识和改造世界，而且要将所获得的部分信息升华为知识。可见，知识是信息的一部分。我们可以说：知识是信息加工的规律性产物。

（一）知识的特性

知识主要有以下六个特性。

(1) 信息性。知识来源于信息，信息是产生知识的原料。知识是被人们理解

和认识并经大脑重新组织和系列化的信息，信息提炼为知识的过程是思维。

(2) 意识性。知识是一种观念形态的东西，通常以概念、判断、推理、假说、预见等思维形式存在，是由人脑产生、认识和利用的。

(3) 实践性。社会实践是一切知识产生的基础和检验知识的标准，科学知识对实践有重大指导作用。

(4) 规律性。人们对事物的认识是一个无限的过程，人们获得的知识在一定层面上揭示了事物及其运动过程的规律性。

(5) 渗透性。随着知识门类增多，各种知识可以相互交叉渗透，形成了许多新的知识门类，形成科学知识的网状结构体系。

(6) 继承性。每一次新知识的产生，都是原有知识的深化与发展。知识被记录或被物化为劳动产品后，可以世代相传和利用。

(二) 知识的不同类型

随着对知识内涵的认识加深，从不同的角度，知识可以有不同的类型。

(1) 按存在方式划分，可分为：主观知识和客观知识。

(2) 按知识的属性划分，可分为：显性知识和隐性知识。

显性知识：指用书面文字、图标和各学科公式等表示的知识。

隐性知识：指高度个性化而且难于格式化的知识，它存在于人们的头脑中，不能明确地观察到。工作诀窍、经验、思想、观点、价值体系等都属于这一类。

(3) 按门类结构划分，可分为：基础知识、技术知识和应用知识。

(4) 按知识的运动状态划分，可分为：实体知识和过程知识。

实体知识：用静态的观点来看，将知识看成一个个物质“实体”，在管理“实体知识”的过程中，重点在于识别、收集、组织、分析知识。

过程知识：用动态的观点来看，将知识看成一个过程，注意力更多地集中于知识的共享、创新、适应、学习、运用和沟通这一动态过程。

(5) 总部设在巴黎的著名国际经济组织——经济合作与发展组织(OECD)发表的《以知识为基础的经济》报告中，将知识划分为：事实知识、原理知识、技能知识和人力知识。

事实知识：指关于事实方面的知识，这类知识通常近似地称为信息。

原理知识：指关于自然原理和规律方面的科学理论，这类知识是在专业研究机构和大学里形成的。

技能知识：指做某些事情的技艺和能力，被称为技术情报和商业秘密，其典型是企业开发和保存于其内部的技术诀窍或专有技术。

人力知识：指到哪里寻求知识的知识，侧重于对创造思想、方法、手段、过程以及特点等的了解。

二、情报

关于情报的定义，也有多种说法，但其基本内容应包含：情报是针对特定传递对象在特定的时间内有特定价值的信息或知识。

情报来源于知识或信息，是“活化”或“被激活”的知识或信息，是具有明显的针对性、适用性和相对的准确性、可靠性的知识或信息。情报必须在特定的时间内经过及时传递，并能为特定用户所接受和利用。

（一）情报的基础属性

情报的三个基本属性是：知识性、传递性和效用性。

(1) 情报的知识性：指情报的本质是知识。

人们在日常生活中，通过各种媒介手段随时都在接收、传递和利用大量的感性和理性知识，这些知识中就包含着人们所需要的情报。反过来说，没有一定的知识内容，就不能成为情报。

(2) 情报的传递性：指知识要变成情报，还必须经过传递。

无论多么重要的知识，如果不进行传递交流，人们就无法知道其是否存在，知识就不能成为情报。情报必须通过一定的传递手段把情报源的有关情报传递给情报的接收者，才能被利用，发挥其价值。因此，知识必须经过传递才能成为情报。

(3) 情报的效用性：指运动着的知识不一定都是情报，只有那些能满足特定需要的运动的知识才可称之为情报。

例如，每天通过广播、电视等媒介传递的大量信息，是典型的运动的知识。但对其受众来说，这些内容只是消息，其中一部分人利用其内容解决了实际问题，这部分被发挥了效用的运动的知识才是情报。

（二）情报的特征

(1) 动态性。情报的生产和传递环境是多变的，要想在竞争环境中立于不败之地，必须及时获取动态的情报。

(2) 按特定方式传递。情报是由情报机构或人员收集、加工、制作开发的活的知识和信息，并按情报的运行规律向特定的用户传递。

(3) 为特定的目的服务。情报具有适应“特定需要”的个性特征，其用户所需的情报是有特定要求和指向的。

(4) 机密性。情报具有“秘密”的个性特征，它的内容只在特定的范围内传播，不宜公开。

三、文献

人们常说“文献信息”，这表明文献与信息是密不可分的。文献必须含有信息，信息也必须依附于一定的文献载体；文献是信息的静态物质形式，信息则是文献的动态抽象形式。人们利用文献，实质上就是利用文献中的信息。图书馆是多层次、全方位的馆藏文献信息资源的集散地，是传播文献信息的枢纽，是最常见的信息服务机构。

国际标准化组织颁发的《文献情报术语国际标准》中对“文献”进行了如下定义：在存储、检索、利用或传递记录信息的过程中，可作为一个单元处理的，在载体内、载体上或依附于载体而存储有信息或数据的载体。

我国国家标准《文献著录总则》中对“文献”的定义为：文献是记录有知识的一切载体。❶

（一）文献的基本要素

(1) 文献信息：文献的内容。

(2) 符号系统：信息的携带者等。

(3) 文献载体：符号赖以依附的物质。

(4) 记录方式：文献符号进入载体的方法和过程。文献的特征分为外部特征和内部特征两大部分。

文献的外部特征包括：文献名称、著者、版本、出版地、出版者、出版期、载体形态、标准书号与刊号等。

文献的内部特征包括：分类号、主题词等。

（二）文献的类型

(1) 按载体形态划分为：印刷型文献、缩微型文献、声像型文献和电子型文献。

---

❶信息描述项目亦称著录项目，是用来揭示信息资源内容和特征的记录事项。根据描述特征间的关系，描述项目可分为基本描述项和描述子项目两部分。

(2) 按文献加工层次划分为一次文献、二次文献、三次文献和零次文献。

一次文献：也称原始文献，是以著者本人的研究或研制成果为依据而创作或撰写的文献，包括专著、期刊论文、科技报告、学位论文等。一次文献是人们学习参考的最基本的文献类型，是文献检索和利用的主要对象，是产生二、三次文献的基础。

二次文献：又称检索性文献，是将分散无序的一次文献进行加工整理，使之成为系统有序的信息资源，如文摘、索引、目录、题录等。二次文献具有浓缩性、汇集性、有序性，是查找一次文献的工具，帮助人们在较短的时间内获得较多的文献信息，是重要的指示性信息源。

三次文献：又称参考性文献，指在一次文献和二次文献的基础上，进行分析、综合、研究和评述而编写出来的再生文献，如综述、述评、手册、百科全书、年鉴、词典、书目之书目等。

零次文献：指未经刊载、公开交流或正式出版发行的最原始的文献，包括个人通信、手稿、私人笔记、会议记录等。零次文献是内部档案，具有原始性，一般通过参加报告会、口头交流、参观展览或现场等途径获取。

(3) 按文献的出版形式划分为：图书、期刊、报纸、会议文献、专利文献、学位论文、科技报告、标准文献、档案文献、政府出版物、产品资料等。

四、信息与知识、情报、文献的关系

知识是人类大脑对信息的组合加工，而信息的储存意味着知识的积累。当大脑将储存的信息经过重新认知并进行升华加工时，便生成另一种有一定意义的系统化信息。可以说信息是知识的源泉，而知识是信息的集中反映。如果将知识进行载体记录，就形成我们常说的文献。这种文献是一种客观存在，有着固定化的信息内涵，通常是将人类大脑中的信息、经验等主观知识，借助系统符号使其物化于载体之上而形成的一种储存信息媒介，这就是文献的基本构成。因此，知识和文献从属性来区别就是，知识涵盖显性和隐性，而文献仅做显性知识的记录。这样的话，文献属于知识，后者包含前者。此外，信息和文献也有着一定的区别，信息有着更宽泛的知识反映，基本上包含文献；而文献需要重新将信息进行有机组合，它是一种重要的信息存在形式，而非所有的信息资源；知识则是通过在物质载体上进行记录方能构成文献，所以，知识成为文献和信息最本质的内容。另外，一些专属的知识或者有价值的信息构成另一种载体，也就是我们常说的情报，它是由一部分知识构成，存在于信息之中，也可以通过文献传递相关信息。

第三节 信息资源概论

一、信息资源的概念

信息资源具有的内涵是学术界争相讨论的话题，大家数次地论证之后却仍意见相左，到现在为止尚无定论。信息资源是信息与资源两个概念整合衍生出来的新概念。其中，信息是事物的一种普遍属性，资源则是人类参与一些物质、能量及信息获取或者利用的总括，是一种多元体。因此，信息资源从本质上可将其理解为一种信息集合。

信息资源的本源仍是信息，只不过这种信息并不纯粹，而是夹杂了人类的劳动信息。所以，信息资源可从劳动因素所涉及的“信息、人、符号、载体”四要素进行解读：从人的因素来说，在信息资源的挖掘过程中，首先人类生产并利用信息资源，其次将一定意义的符号作为一种传播载体，而载体又是经过信息资源的存储并对其利用的物质形式。通常来讲，信息资源有狭义和广义之分。其中，狭义层面是一种有用信息的集合，是人类在进行社会活动时按照一定的顺序加工创造而进行大量积累的信息构成；而从广义的层面来说则包括“信息资源的生产者、信息和信息技术”三个基本要素。此外，信息资源在图书馆层面上具有更多的内涵和外延，这基本上可以体现在四个方面：第一，信息的有机组合构成信息资源；第二，将一定意义的信息进行组合；第三，通过人类对信息进行有组织、有顺序地储存并获取的行为；第四，它是一种涵盖文字、声像以及数字信息等各种文献载体的信息集合。所以，我们可以给信息资源一个更为完善的解释：信息资源是汇聚了多种人类需求的信息，这些信息首先由人类进行选择，然后经过组织以及加工，进而满足人类存取的一种信息载体。

二、信息资源的特性

（一）共享性与选择性

信息资源作用于人类的生存和发展，尤其是在现代社会的发展中，它和物质资源并称为两种重要的战略资源。两种资源有不同的利用方式，比如，物质资源通常以占有和消耗为主要表现形式，而信息资源则是一种利用者对信息资源不同程度的共享。可以说前者的利用者之间是对立的，后者的利用者之间则是共享的。另外，在对信息资源进行使用时，基本上是可以选择的，也就是说当信息资源作用于不同的对象时，在选择的使用方向上也会出现不同的作用效果。

（二）有限性与时效性

信息本是被无限利用的，但如果它作为一种有用的资源被利用时，它的有限性便充分表现了出来。基本上可从两个方面进行阐述：第一，信息的有限性表现在已经确定的时空中，在某一种特定的经济活动中，行为人受到人力、物力等因素的制约出现的信息资源的有限性；第二，信息资源的效用跟使用次数成负相关，使用次数越多，总效用相应越少。另外，信息资源具有一定的时效性，不仅提供信息需要及时快速，还需要更多的机会进行开发利用。

（三）积累性与保存性

信息资源作为社会信息的有机组成部分，是人类发展史上十分宝贵的智力资源。这种资源若想要达到一定的规模，需要人类进行长期的系统积累，形成一种信息资源体系，这样便能够提供给用户有价值的信息。其中，长期的系统积累存在于各类信息资源的机构中，它汇聚社会上分散的信息，经过时间的推移，形成一种文献信息资源，既有利于人类进行开发利用，又见证了人类文明的发展历程。而图书馆是各类信息资源结构中保存文献信息资源的重要机构，其具有集中性和持久性。

（四）分散性与交叉性

信息资源存在两个方面的分散性：第一，在众多的专业刊物上，分散出现的同一专业的文献；第二，在多种学科领域，文献通常发表在专业的刊物以及众多学科中。另外，文献的重复交叉性基本上体现在现代科学研究领域的交叉结合过程中，一般有以下几种表现形式：①在进行科研选题时注重重复，通过多种形式对同一个内容的文献进行出版；②采用不同的文字对同一文献进行发表；③将内容完全相同的文献通过各国语言进行翻译出版。因此，当经过数次的重版甚至改版后，势必引发来自不同国家的书商对热门书以及新兴学科书刊展开激烈的出版竞争。

（五）剧增性与多样性

网络信息资源是在科技发展的大背景下产生的，尤其是在如今科技文献大量出现的当下，它已得到人们的广泛认知。网络信息资源有着一定的表现形式及内容，其中信息资源已经呈现更多的形式载体，比如印刷、缩微以及电子等类型。电子型网络信息资源在近几年占有很大的比重，而其中大量的信息网络资源已经将时空范围进行拓展，并取得了集成化的效果。另外在内容方面，网络信息具有的丰富性基本上体现在不同的学科、领域甚至语言中，不仅存在于学术和时事中，还存在于商业以及娱乐中，并且伴随更多的广告信息。

（六）不稳定性与价值差异性

网络信息在传播过程中，存在一定的不稳定因素，比如网址、信息内容等处于变动之中，信息的频繁更替得不到一定程度的预判，加之自由随地对信息进行大量发布避开了相关过滤甚至监管，因此，信息的好坏很难得到有效甄别，造成用于信息服务的网络信息资源少之又少。

三、信息资源的类型

对信息资源进行一定标准的划分，不仅可以促进对信息资源的认识，建设有用的信息资源，还能通过对信息资源的服务帮助人们共享信息资源。以下为其基本的划分类型。

（一）信息资源开发两大类——潜在信息资源与现实信息资源

作为一种潜在的信息资源，基本上发生于人类的大脑认知或者创造过程中，是潜藏在大脑中的信息资源，这种信息资源具有排他性，仅被个人理解并使用，隐藏在个人的内心世界。而现实资源则不一样，基本上具有外显性，大体包括口语、体语以及实物等信息资源。

信息资源是一个完整的体系，是存在于一定范围内的各种信息资源的整合。以上两种资源形式有着相互促进的效果，同时，潜在的信息资源称为未来信息的资源重点，而文献信息资源便是本书要研究的重点对象。

（二）按出版形式来分，可分为十大信息情报源

十大信息情报源是指人们在进行科研及技术工作时使用频率比较高的 10 种情报来源的总称。

1．图书

图书(Book)是文献信息源中历史最长、种类最多、数量最多的一种形式，是现代出版物中最普通的一种类型，有封面、书名、作者、出版地、出版者等，图书的内容比较成熟、系统、全面、可靠，是系统学习和掌握各门科学知识的最重要的资料。图书基本上分两大类：一类是供读者阅读的图书，包括专著、教材、科普读物等。专著(Monograph)是针对某一课题或研究对象进行比较全面深入论述的学术性著作，一般内容比较专深，以科研工作者为主要阅读对象；教材(Textbook)是根据各专业教学需要，阐述某一学科或专业的基本知识和公开见解的教学用书，内容相对稳定，系统完整，能使人获得有关学科领域的一般知识。另一类是供读者查阅的工具书，即参考工具书(Reference Book，Reference Source)，包括字典、辞典、指南、名录、手册、年鉴、百科全书等，内容可能是文章条目、数据、表格、图解等，按照一定的顺序排列，提供详细的索引。主要作用是查阅参考而非系统学习。

2．期刊

期刊(Periodical，Journal，Magazine)是一种文献载体，也叫作杂志，具有定期和不定期两种出版特征，其具体表现在几个方面：第一，刊名固定，版式以及篇幅等固定，并且有连续的卷、期号或年、月顺序号；第二，不同于图书，期刊有着新颖的内容、短周期以及速报道等特点；第三，较宽的流通面和较大的信息量，基本上占情报信息源的 70%。因此，期刊反映的多数是最新的科研成果，因而在文献信息资源中占有重要的地位，是科研人员经常使用的一种出版物，同时也是主要的检索对象。

3．会议文献

会议文献(Meeting documents，Conference papers，Conference literature)一般是指学术会议文献，是在学术会议上宣读和交流的论文、报告及其他有关资料，多数以会议录的形式出现，它往往反映出科学技术的发展趋势。会议文献的特点是传递情报比较及时、内容新颖、专业性和针对性强、种类繁多、出版形式多样。它是科技文献的重要组成部分，一般是经过挑选的，质量较高，能及时反映科学技术中的新发现、新成果、新成就以及学科发展动向。每年出版的各种专业会议

录 3000 余种，是一种重要的情报源。

4. 科技报告

科技报告(Scientific and Technical Report)又称研究报告、报告文献，是报道(记录)研究和开发调查工作的成果或进展情况的一种文献类型，一般都有号码，供识别报告本身及其发行机构，是一种典型的机关团体的出版物。科技报告大多与政府的研究活动、国防及尖端科技领域有关，发表及时，课题专深，内容新颖、成熟，数据完整，且注重报道进行中的科研工作，是一种重要的信息源。常用的报告名称有报告书、备忘录、论文、通报、技术译文、特种出版物等。

按研究的进展情况分为初步报告、进展报告、中间报告、最终报告。科技报告与其他信息源的显著不同点是，根据科研水平的高低，科技报告分为若干密级，如绝密报告、秘密报告、保密报告、非密限制发行报告、公开报告、解密报告。

5. 政府出版物

政府出版物(Government Publication)是由政府机构制作出版，或由政府机构编辑并授权指定出版商出版的文献。其涉及内容广泛，大致可分两类：一类是行政性文献(包括宪法、司法文献)，主要涉及政府法律、经济方面的国会和议会记录、议案、决议、司法资料、听证记录、法律、法令、规章制度、政策、调查统计资料等；另一类是科学技术文献，主要指政府部门出版的科技报告、标准、专利文献、科技政策文件，公开后的科技档案、经济规划、气象资料等，后者约占政府文献的 30%~40%。政府出版物是了解一个国家方针、政策、科学技术和经济、生活现状的权威性信息来源。

6. 专利文献

专利文献(Patent Literature，Patent Documents)是各国专利局及国际性专利组织在审批专利过程中产生的官方文件及其出版物的总称。在实行专利制度的国家，凡是本国或外国的个人和企业有了创造发明，都可以根据专利法的规定，向本国或外国专利局提出申请，经审查合格，批准授予在一定年限内享有创造发明成果的权利，并在法律上受到保护，这样一种受到法律保护的技术专有权叫作专利。作为公开出版物的专利文献主要有专利说明书、专利公报、专利文摘、专利索引和专利分类表等。专利文献内容新颖、出版迅速，涉及技术领域广泛、实用性强，具有法律效力，技术工作具有单一性和保守性、重复量大等特点，是科学技术领域内的一种重要信息来源。全世界每年出版的专利说明书约 200 万件。专利文献的类型包括发明专利(Invention)、实用新型专利(Utility Patent)、外观设计专利(Design Patent)。

7．学位论文

学位论文(Dissertation)是高等学校或科研机构的毕业生为获得各级学位而进行科学研究写出的学术性论文。根据《中华人民共和国学位条例》的规定，学位论文分为学士论文、硕士论文、博士论文三种，其中博士学位论文常含有独创性的学术性文献资料。学位论文选题新颖，理论性、系统性较强，阐述详细，有一定的独创性，对科研、生产和教学有一定的参考价值，是图书馆特藏之一。学位论文大多不分开出版发行，历来被大学和专业图书馆所重视，目前有很多数据库收集学位论文，如中国知网、万方数据库等。

8．技术标准

技术标准(Technical Standards)又称标准文献。标准是对产品和工程建设的质量、规格及其检验方面所做的技术规定，是生产、建设、管理等方面的共同依据。标准文献具有一定的法律约束，是其他类型文献所无法替代的。这类文献对新产品开发和革新可起到借鉴作用。技术标准包括基础技术标准、产品标准、工艺标准、检测试验方法标准，以及安全、卫生、环保标准等。标准化主要包括三个方面：一是产品标准化，即产品质量要符合技术规定；二是产品规格化和系列化；三是零部件通用化，即同类机型零部件，特别是易损件要最大限度地满足通用互换性。经过公认权威当局批准的标准化工作成果，可以采用文件形式或规定基本单位(物理常数)这两种形式固定下来，以文件形式出现的标准化工作成果就是标准文献。

9．产品资料

产品资料(Product Material)又称产品目录、产品样本和产品说明书，是指国内外各厂商为推销其产品而印发的商业宣传品。对定型产品的性能、构造、原理、用途、使用方法、产品规格等所做的具体说明。该文献是生产科研单位研究分析各国技术发展和产品水平的重要资料。一份好的产品说明书含有丰富的内容，包括产品样本、产品目录、产品规格、产品特点、产品专利号、产品说明书、厂商介绍、厂刊或外贸刊物、技术座谈资料等多种对生产有用的信息。

10．技术档案

技术档案(Technical Records，Technical File)是科研生产活动中形成的，有具体事物的技术文件、图纸、图表、照片和原始记录等，是指国家机构、社会组织以及个人在从事各项实践活动(如生产建设或科技部门的技术活动)中直接形成的、具有一定保存使用价值、经过立卷归档、集中保管起来的有一定工程对象的技术文件的总称。其详细内容包括任务书、协议书、技术指标、审批文件、研究计划、方案大纲、技术措施、调查材料、设计资料、试验和工艺记录等。技术档案一般为内部使用，不公开出版发行，有些有密级限制，因此在参考文献和检索工具中极少引用。

(三) 文献信息资源的四类——直读型文献、缩微型文献、声像型文献、电子型文献

1. 直读型文献

直读型文献是指人们不借任何工具直接可以阅读和交流的文献。它的存储介质以纸张(包括竹简等)为主，记录方式以手写或印刷为主。它们虽然便于人们直接阅读和交流，但存储密度低，占用空间大，整理、传递和保存比较麻烦。

2. 缩微型文献(Microform Document)

缩微型文献是一种以感光材料为存储介质、以缩微照相为记录手段而产生的文献形式。生产原理同我们日常熟悉的照相的原理基本相同。它通常有缩微平片(Microfiche)、缩微胶卷(Microfilm)两种。这种物质形式现在主要用于保存过期文献，如报纸、档案、银行票据等。也有部分文献直接以缩微形式出版。缩微型文献的优点是体积小、存储密度高、传递方便，可以大大节省存储空间。读者使用时需借助专门的阅读机。

3. 声像型文献(Audiovisual Document)

声像型文献又称视听资料。这是一种以磁性材料和感光材料为存储介质，借助特殊的机械装置，直接记录声音信息或图像信息而产生的一种文献形式。它包括唱片、录音带、幻灯片、电影片等。声像型文献的优点是直观、生动。声像型文献在帮助人们认识某些复杂或罕见的自然现象、探索物质结构和运动机制等方面，具有独特的作用。它主要用来表现和传递那些难以用文字来描述的信息。

4. 电子型文献(Electronic Document)

电子型文献又称机读型文献，是指以磁介质或激光介质存储信息的载体。主要是将信息以计算机可读的形式，记录在磁性载体(磁盘、磁带等)、光学载体(CD-ROM 光盘)上，通过计算机或远程通信进行阅读的一种文献形式。包括正规的电子出版物，如软件出版物、电子图书、电子期刊、电子报纸以及各色各样的数据库、多媒体出版物、无正式版权的 WWW 文献。与印刷型出版物相比，电子出版物主要有以下几个特点：信息存储量大、密度高，存取方便；可进行多途径、

多角度检索，保证较高的查全率和查准率；存贮文献具有较高的标引深度。电子文献的种类繁多，就载体的形态而言，主要有软光盘、只读光盘、交互光盘、图文光盘、视频光盘、照片光盘、集成电路卡等。以信息的不同表达形式，电子文献又可分为单媒体电子文献、多媒体电子文献和网络型电子文献。

第四节　信息资源的收集、存储、使用以及版权问题研究

一、信息资源的分析

在学习方面，无论是从内容涉及的领域、形式的调整方面，还是观念的更新方面，用户的需求更加多样化，对于信息也有了越来越多的要求。在网络资源的运用方面，任何领域和层次的用户，尽管他们在接触信息后的接受程度和处理水平存在差异，而且每个人对于信息处理能力的要求也不同，但是信息素质能力的培养都要经过类似的过程，这通常包括以下几个层面：首先是基础信息素质能力的培养，具体是通过图书馆提供的信息资源培养处理信息以及熟练操控计算机设备的能力；其次是培养对通用信息的处理能力，主要包括明确自身对信息的要求，掌握信息资源的特征，整合和筛选出符合自身需要的信息类型，可以借助检索手段，界定自己所需信息的检索范围，从而迅速、高效地寻找到自己想要的信息，在得到信息之后可以全面地评估信息的价值，可以熟练地通过多种方式将所获得的信息资源运用起来。除此之外，还包括对于特定信息的处理能力，主要涉及科技工作者和有特殊信息要求的用户。从以上几个方面我们可以看出，网络资源的供给也要考虑到不同用户之间需求的差异，从基础、通用和高级三个方面考虑。

二、信息资源组织

信息资源组织需要根据不同用户人群的特点对具体内容进行设定，主要包括

以下几个主要方面。

(1) 初等教育类用户。这个范畴内的信息资源主要针对接受过初等教育的人群，涉及老师和学生两个主要群体。对于教师来说，主要是基础信息处理能力的培养。通过运用多媒体的教学作为辅助，结合文本以及相关的导航等，为他们提供符合他们需求的信息资源，从而提升他们的信息素质。对于学生来说，除了需要培养基础的信息处理能力外，还要侧重培养他们处理信息的意识和品德等。另外，增加一些针对学生的素质教育、成才等方面的教育资源和网址导航也是很有必要的。

(2) 中等教育类用户。这一类的信息资源主要增加了符合中等教育人群要求的内容。对于教师而言，主要是在培养他们处理信息基本能力的基础上，加入一些通用信息资源和教育的内容，通过生动、多样的教学方式，借助视频和音频等完成课堂的教学，借助图书馆等信息资源的提供机构，锻炼他们应用计算机进行信息处理的能力，并结合这些教师的实际需求增加一些相关链接和网址导航；对于学生来说，这类信息资源主要是侧重于培养他们的信息意识和品德，增加一些针对学生的素质教育、成才等方面的教育资源和网址导航也是很重要的。

(3) 高等教育类用户。这个类别的信息资源将科研工作者和高等学校教师需要的内容整合进来。对于学生而言，这个部分的内容主要是在学习和处理基础和通用信息的基础上，借助声音和影像资料，帮助学生掌握图书馆或其他信息供给机构中信息资源的分类标准和应用方法等。他们了解多种信息资源的概况，完成信息检索、资源评估等方面的学习，充分运用各种形式的教学手段，为学生提供更加多样化的学习方式，提高学生的学习兴趣，通过加入与学生学习生活密切相关的网址导航和链接，完善信息资源的内容。对于高校老师和科研工作者来说，不仅要培养其处理基础信息和通用信息的能力，还要强化他们的信息意识和信息道德素质。除此之外，还要提升他们对特定学科领域的信息处理能力，这不仅可以提升他们自身的信息素质，还可以促进学生培养和提升处理信息的能力。

(4) 科研教育类用户。主要指的是针对科研工作者的信息资源内容。对于科研工作者来说，信息资源的内容需要在顺利完成基础信息和通用信息处理的基础上，帮助他们提升对于某个学科领域信息资源的处理和利用能力，通过为他们提供多样化的信息资源和建立科学的网站导航系统，帮助科研工作者迅速而快捷地找到所需专业资源，提升他们的信息素质。

(5) 在职教育类用户。这类信息资源主要是针对不同岗位的在职人群。对于在职用户的信息资源教育，主要是培养他们对基础信息和通用信息的处理能力，增加多样化信息资源和网址导航，为他们提供丰富的信息资源，帮助他们更加便捷地找到符合自己职业需求的信息资源以及与专业技能培训相关的信息，提升他们在行业内的综合实力和竞争力；针对那些特殊岗位的在职人员，包括一些政府机关部门的领导干部，他们不仅要具备较强的职业能力，还要有对综合信息和与决策有关的信息的筛选和处理能力。

(6) 农业教育类用户。这类信息主要是针对农村的居民和从事农业生产活动的人群。这类用户的文化教育水平普遍较低，根据他们的生活状况和学习条件，需要帮助他们完成最基本的认字、阅读和运用计算机的工作。对于少数文化水平较高的农民，则可以为他们提供一些农业科技方面的信息资源。整体上来说，主要是培养他们最基本的信息处理能力和通用信息处理能力，借助现代化的工具，采取多样化的教学方式，尽可能多地为他们提供与农业生产劳动相关的技术信息和科技信息，提升农业现代化水平和他们的生活水平。

(7) 老年教育类用户。为老年人群提供信息资源的目的是提升他们获取信息的能力。在具体内容设定上，主要是注重最初级的信息处理能力，以文字为主要形式，还可以适当加入一些视频和音频的形式，但是要充分考虑老人的实际情况，将资料的字体变大，声音变慢，让他们更加方便地查找到自己想要的信息。

深入分析信息资源的层次和内容对于创建网络信息平台具有很重要的参考价值。只有明确用户人群，才能更好地整合信息资源，满足不同用户人群的要求，在网络这一媒介的帮助下，更好地提升广大群众的信息素质。

三、全媒体背景下图书情报信息资源整合

（一）全媒体背景下图书情报信息资源整合的必要性

全媒体的发展为图书情报信息资源整合提供了较好条件，展现了一定优势，但用户需求也变得更加多元化，因此，要进行图书情报相关的信息资源整合，以达到更好的信息传播效果。

1. 全媒体在信息资源整合上的优势

当前社会对全媒体的定义大多基于现实生活的角度考虑，通常大家说的全媒体，是指通过文字、图片、影像、视频、动画等不同形式的媒介进行信息传播，最终实现各类媒体及网络平台信息共享的传播方式。一般情况下，多媒体可以实现信息随时随地地传播和分享，并在通信及网络技术允许的条件下实现媒介融合。全媒体作为媒介形态变革过程中的新型传播方式，得到了社会各个领域的支持和认可，其不但可以有效满足社会群体不同层次的信息需求，而且能通过多种形式

进行需求细分，帮助社会群体获得多角度、多方面的信息体验。全媒体是由传统媒体发展而来的，因此，报纸、期刊、电视等传统媒体是其生存和发展的关键，而基于网络的新媒体则成为其重要的发展平台。作为一种新兴的媒体传播方式，全媒体具有动静结合、报道深浅程度互补、全时上线、即时上传输送、实时性强、交流互动方便等诸多优势。

2．全媒体背景下用户需求多元化

在全媒体背景下，社会群体对信息的需求逐渐呈现多元化发展态势，基于此，图书情报的信息资源整合成为一种必然趋势。全媒体不仅能提供庞大的信息量，还有着多样化的功能和展现形式，有助于传播者和受众交互的实现。随着交流互动的深入，图书馆、读者之间可以实现角色的转换，增进理解，极大地推动了公共信息文化服务的传播。同时，随着全媒体时代的到来，用户的信息体验方式和获取方式也发生改变，他们更加倾向于快速化、便捷化、简单化的信息获取，形成了多样化的需求。因此，图书情报信息资源的整合十分有必要，借助全媒体进行信息资源的整合，可以有效改变当前用户的信息获取方式，并逐渐形成一种合作共享的服务模式。而通过搭建一个更加高效先进的信息平台，图书馆能够实现信息的快速传递，从而形成便捷化、多元化、知识化为一体的服务体系。

3．图书情报的信息资源共性有利于整合

进入21世纪以来，科技的不断进步不但推动着媒体的多元化发展，还催生了媒介融合。档案、图书、情报分属于不同的机构体系，相互独立又相互联结。虽然三者的资源侧重点不同，但都具有相同的历史渊源，其资源类型也具有一致性。这些信息载体形式的作用和价值也有很多共通之处。在人类的发展过程中，通过图书情报这些信息载体进行文化和知识的传播，对社会的进步具有至关重要的作用。图书情报十分注重原始资料的记录，因此也成为记载、表达、积累乃至保存信息、传播知识的重要工具。全媒体背景下，图书情报的信息资源整合具有一定的媒体基础，在此过程中，我们主要强调利用多媒体传播形式进行更加有效的资源整合，同时将图书、情报形式的信息进行数字化转化，进而提高信息传递的效率和质量，以实现虚拟化信息资源的有机整合。

（二）图书情报信息资源整合面临的困境

现实发展需要是图书情报部门信息资源整合的基本动力。从当前的情况看，图书情报信息资源整合面临较多困境，包括观念落后、权利归属不清、管理效率

低等。多种困境对图书情报信息资源整合造成了不利影响，我们需要了解并摆脱这些困境。

1．观念落后影响到图书情报信息资源整合

观念决定行动的走向，图书情报工作人员首先要提升思想认识，才有可能对自身行为进行改善。全媒体背景下的图书情报资源整合需要相关工作人员突破传统观念，敢于开创新局面。但是在目前的图书情报信息资源整合工作中，大家普遍存在观念落后的问题。如传统思想较浓厚，不敢破旧立新，害怕创新会导致失败，使得许多工作人员墨守成规。在这种情况下，工作人员很难从大局出发，认识不到图书情报信息资源整合的紧迫性，缺乏克服困难的坚定意志。当落后观念影响到资源整合行动时，图书情报工作将止步不前，难以享受到全媒体带来的便利性，极大地降低了资源整合效率。

2．图书情报信息资源的权利归属不清

图书情报信息资源的权利归属关系到资源的所有权和使用权，当归属不清时，则会影响资源整合工作。如各级图书情报部门的权利归属不一致，各类资源由不同单位管辖，虽然从总体上看，下级部门的信息资源都是上级部门的财产，但直接权利存在较大差别。特别是管理体制不同时，负责对象也不同，当两者进行整合时，一般会碰到管理权限方面的问题，难以形成统一的管理。按照自主经营的要求，上级部门无权力要求下级部门完全听从其安排，而是应该将许多权力下放给下级部门，相互之间有一定隔离。如果信息资源的权利归属问题得不到解决，资源整合将会失去必要的前提。

3．图书情报工作的管理效率低

在传统模式下，图书情报的资料收集等相关工作大多以人工为主，这种原始的管理手段效率较低，已不能适应全媒体时代图书情报的工作新要求。管理人员面对分散的信息资源，仅仅依靠手工操作，会极大地提高工作量，降低管理效率。而对于用户来说，图书情报资源的分散将影响他们信息查阅。可见，图书情报工作的管理效率低给资源整合带来较大障碍，无论是管理人员还是用户需求，都难以得到满足。因此，为了加快图书情报信息资源的整合，必须要解决管理问题。

（三）图书情报信息资源整合的优化措施

图书情报信息资源整合既是时代发展的需求，也是图书服务信息化建设不可缺少的环节。为了使信息资源整合更加有效，我们需要构建科学的整合平台，并

加强资源整合的保障机制，培养全方位的综合性技术人才。

1．改变观念，构建科学有效的资源整合平台

全媒体背景下的数字化信息资源服务平台，在保障图书情报信息资源整合中发挥着重要的作用。构建科学有效的图书情报信息资源整合平台，不仅可以满足用户对信息资源的整合和共享的需求，也能够满足他们对信息发布、信息交流以及反馈等各个环节的相关需求。此外，该平台还可以在提高资源服务水平的同时，满足用户不同层次的个性化需求，使图书情报信息资源整合效果更加专业化、智能化、精确化。

在构建全媒体数字服务平台过程中，首先，我们应整合分析用户信息、图书情报、全媒体技术等，以充分发挥全媒体的作用，确保图书情报信息资源整合和共享的实现。其次，我们要建立标准规范，以便信息查询、收集和整理，用户必须遵循查询规律才能寻找和发现所需的信息与资源。与此同时，我们还应当突破信息资源自身的弊端和限制，拓展资源获取渠道，满足用户日益增加的信息需求。再次，我们还应加强服务体系建设，致力于为用户提供便利，如提供导航、检索、跨库搜索等功能，以实现信息的交互和共享。具体来说，我们可以充分利用全媒体平台，提高用户搜索效率。用户不需要单独搜索信息，而是通过一个共享接口实现信息资源的整合，从而得到更加便捷、优质的服务。

2．解决权利归属问题，建立信息资源整合保障机制

建立健全保障体系是图书情报信息资源整合的关键，也是解决权利归属问题的重要措施。图书情报信息资源分别由不同部门管理，具有一定的独立性，虽然信息资源之间存在很多交互，但是具体业务人员的工作范围和职能仍然存在差异。为了提高图书情报信息的管理效率，图书情报部门必须推进信息资源整合保障机制的建立与完善，只有建立科学有效的保障机制，才能确保各环节有序进行，也才能在信息资源整合过程中实现资源共享。图书情报信息资源整合保障机制主要是为了减少人力、物力、财力的浪费，同时避免信息之间各自独立带来的管理障碍。图书情报部门应充分利用全媒体数字化技术整合图书情报信息资源，提高管理效益；发挥全媒体的技术和资源优势，确保图书情报信息资源整合的稳定与高效，以全面提高信息管理水平；坚持以数字化和网络化技术为支撑，使信息资源整合保障机制拥有更好的运行平台。

3．提高管理效率，培养全方位的综合性技术人才

为了提高管理效率，图书情报部门要强化人才队伍的建设，对人才培养的重点可以从信息技术、网络化和数字化方向考量，以满足图书情报信息资源整合的

技术和人才需求。从目前的实际情况来看，全媒体背景下图书情报信息资源整合水平有待提高，主要是因为缺乏专业的综合性人才。如信息管理者的综合能力相对较弱，在专业性知识的掌握上略显不足，在具体操作过程中无法进行准确操作，导致资源整合效率低下。随着信息技术的不断进步，互联网逐渐成为人们生产生活中必不可少的工具，人们倾向于从网上了解信息获取资源，因此，图书情报工作人员不仅需要熟练掌握计算机和网络技术，还需要注重培养自身综合能力，加强专业知识的构建和职业技能的提升。此外，全媒体背景下的图书情报信息资源整合，不仅需要人才支撑，还面临许多潜在风险，如资金周转不利、软件开发中断、突发状况出现等情况。针对这些情况，图书情报部门要进行科学的风险控制，提前做好预案，确保资源的有效整合。图书情报的信息资源整合是图书馆信息化建设的必经之路，在全媒体背景下，图书情报的发展迎来新的机遇和挑战，加强信息资源整合，有利于图书管理和用户服务的质量提升。图书情报部门应构建科学有效的资源整合平台，建立科学合理的保障机制，并加强人才队伍建设，以确保信息资源整合工作效率的提高。

四、法定条件下图书馆分享作品的免责权探析

在法定条件下，图书馆分享作品拥有一定的免责权，即版权责任方面可以豁免。尽管我国的《公共图书馆法》还在征求意见阶段，但《著作权法》《信息网络传播权保护条例》对图书馆免责权都有相关规定，为图书馆发展提供了法律依据。例如，《著作权法》赋予了图书馆复制作品的免责权，而《信息网络传播权保护条例》则赋予了图书馆数字化传播的免责权。上述规定要求图书馆分享作品应在特定条件下进行。实践证明，这种特定条件的范围依然需要商酌，否则可能引发版权纠纷。

（一）图书馆分享作品免责权的界定

1．图书馆在特定情况下享有的免责权

著作权是法律规定的一种知识权利，任何人或者组织机构未经作者许可，都不得擅自使用、复制、传播作者名下的作品，否则就构成了侵权，这是《著作权法》的基本原则。但也有例外情况不构成侵权，免于法律责任，图书馆的免责权就是其中之一。根据国际惯例，侵犯著作权但可以免责的例外情况应符合以下三点：特殊情况下有限制的免责权；不能与作品正常利用相冲突；损害著作权应有

一定的理据。因此，图书馆即便享有分享作品的免责权，也有一定的限制范围，免责情况的限定必须按照法律规定进行，而且图书馆在特殊情况下如何利用作品，法律也要给出明确规定。民事立法的一般原则要有概括性的规定，当出现例外情况时，则需要明确列举。可见，图书馆分享作品免责有一定的法定条件，只有在特定情况下才享有免责权。

2. 图书馆涉及免责权的诉讼可以不用举证

图书馆在特定场合享有一定的免责权，在这种情况下，任何关于图书馆侵权的指控，原告方都应承担主动举证的责任，而图书馆作为被告可以不用举证，这符合我国民事法举证原则。此外，图书馆也有不应诉的权利。当图书馆选择不应诉时，法院要主动对图书馆免责权情况进行审查，若图书馆合乎法律规定的免责权存在，法院不得擅自判决图书馆承担不必要的责任，而应根据免责情况酌情审判。简单说来，任何涉及图书馆免责权的诉讼，图书馆自身的抗辩只是一种权利，而并非是义务。图书馆有权执行该权利或者不应诉，如果图书馆没有行使关于免责权的抗辩，并不是放弃了该权利，法院也不能因此而判定图书馆承担侵权责任，更不能要求图书馆举证。

3. 图书馆在法院裁判后不享有免责权

法院裁判具有绝对的法律效应，这是我国法律体系的神圣原则之一。任何人或单位都有义务协助法院执行相关的裁判文书，即便图书馆拥有免责权，当法院裁判之后，免责权就自动消失，图书馆无权放弃裁判文书执行的协助义务。法治社会的构建需要维护法律的尊严，图书馆分享作品的免责权是在法定条件下实现的，当法定条件不支持免责时，图书馆不能以免责理由再行抗辩，而要履行相关的义务。例如，图书馆被法院判决承担一定侵权责任且判决文书生效时，图书馆将不再享有免责权，而应主动协助法院执行裁判文书。可见，图书馆分享作品的免责权是有限的，只在一定范围内享有免责权，即当法院已经依法判决之后，图书馆接到法院裁判文书时，免责权就不再生效。

（二）法定条件下图书馆分享作品免责权存在的困境

1. 作品复制保存的免责范围有限

图书馆是各类图书、期刊、报纸的购买大户，因而出版单位、原作者等拥有著作权的主体，非常在意图书馆购买的图书是否为正版。但我国现有的法律并未明确规定著作权人的作品借阅权，而图书馆的借阅、复制、数字化等职业行为，明显挤压了著作权人的作品出售空间。当读者可以用极低的成本阅读到图书时，一般不会去市场上购买，使得出版商和原作者的利润受到影响，所以著作权人对于这种公共借阅行为较为反对。当然，著作权人的相关利益应得到法律保护，根据《著作权法》的相关条例，图书馆分享作品的免责权仅适用于以下两个方面：一是因为陈列的需要对作品进行复制，二是因为保存的需要对作品进行复制。关于图书馆的复制行为，我国一些法律只给予了特殊情况下的作品复制权利，如将要损毁的书籍、失窃的作品、信息储存格式落后的数字化刊物、市场上已经绝迹的图书等，这些情况允许作品复制，图书馆享有一定的免责权。但从总体上看，图书馆作品复制保存的免责范围依然有限，容易出现一些涉嫌违规的行为，需要法律的进一步鉴定。

2．信息传播仅限于馆内注册用户

除了作品复制保存之外，信息传播也是图书馆的核心功能之一。图书馆的信息传播主要分为实体书刊信息传播和网络虚拟信息传播。例如，图书馆购买到正版的书刊之后，在法定条件下可以进行复制，将正本陈列在馆中，提供给馆内用户阅览，而复制后的副本则向全体用户出借，允许用户带回家中阅读，这就是实体书刊信息传播。图书馆所提供的借阅服务属于一种专业化的职能，拥有法律规定的免责权，这是著作权人所不能控制的。在互联网的快速发展下，图书馆网络虚拟信息传播也非常必要，如图书馆官网、手机图书馆、微博、微信等，都是较好的网络信息传播平台。法定条件下的免责权，允许图书馆向馆内注册用户提供合法的数字产品，无论是官方网站还是手机图书馆，只有注册用户才有权浏览相关信息，其他任何人都不得通过网络非法获取馆藏作品。这种服务并不允许用户复制或下载数字产品，仅限于浏览，使得很多用户的需求难以得到满足。根据《信息网络传播权保护条例》，图书馆通过互联网向馆内注册用户提供数字作品属于免责范围，一旦超出该范围，可能会承担相应的责任，这在一定程度上限制了图书馆的跨越发展。

3．购买数据库服务引发的诉讼问题

在数字化建设的大环境下，知识数据库得到了前所未有的发展良机，知网等数据库服务提供商成为图书馆获取知识的主要来源。当前，有不少图书馆通过购买数据库服务，成为这些知识数据服务商的包库用户，有效拓展了日常业务的服务范围。但是知识数据库服务商也有可能存在一些侵权作品，如果发生诉讼将连带到图书馆。我国《侵权责任法》规定：图书馆受到连带被告时，在有限范围内可以免责，只需要及时删除侵权作品即可。图书馆数字化服务属于一种网络服务，根据相关法律规定，网络服务提供商并没有义务审核信息的合法性，所有的数据

接入、传输、储存、分享等，都是通过自动化技术实现。当接到权利人的抗诉之后，图书馆只要删除信息或断开连接，就可以在有限范围内免除已经发生的侵权责任，这在一定程度上降低了被诉讼的风险，但并不能完全规避这些风险。所以图书馆在购买数据库服务时应考虑到诉讼问题，避免因连带责任而产生不必要的损失。

（三）图书馆分享作品免责权体系的优化途径

1. 拓展作品复制的免责权范围

作品复制是图书馆的核心功能之一，但是法定条件下的图书馆作品复制免责权范围相对有限。当前通过立法手段拓展图书馆作品复制免责权范围的时机尚不成熟，所以图书馆应另找途径，使免责权得到更充分的运用。图书馆在法定条件下复制本馆符合标准的作品之外，也可以复制图书馆联盟内其他图书馆的相关作品，从而达到信息互通、有效拓展作品复制免责权范围的目标。特别对于一些损毁、稀少、缺失的作品，很难在市场上用正常的价格获取，所以作品原件显得弥足珍贵。通过图书馆联盟拓展作品复制的免责权范围，有利于馆际合作的广泛开展，特殊馆藏资源的分享成本将变得更低，从而使图书馆的发展进入良性轨道。此外，图书馆还可以与一些民间收藏家建立起良好关系，全力收集散落在民间的珍贵书籍资源，在免责权范围内通过复制或者收藏家捐赠的形式，获取本馆所缺少的图书资料，从而进一步丰富馆藏资源。由于法定条件下图书馆对于此类书籍的复制拥有免责权，而收藏家的捐赠行为也符合法律免责标准，所以变相地拓展了作品复制的免责权范围，有效完善了图书馆分享作品免责权体系。

2. 提高作品数字化传播的免责权

相对于实体图书资源来说，图书馆作品数字化传播免责权的法律要求更加严格。相关立法部门应考虑到图书馆的数字化发展现状，根据实际情况适当提高图书馆作品数字化传播的免责权。例如，可以进一步修改《信息网络传播权保护条例》，增加一些免责条款，使图书馆数字化建设拥有更多的法律依据；或者有针对性地修改《版权法》，给予图书馆一次性数字版权买断的权利。在此模式下，图书馆可以向用户提供资源复制和下载服务，提升用户的知识获取体验，进而促进图书馆服务达到一个新的层次。如果图书馆能够拥有数字版权买断权利，将迎来更好的数字化发展良机。图书馆是帮助公众学习的一个核心平台，而随着互联网的快速发展，在线学习方式将是未来的发展趋势。例如，用户可以在图书馆网络平台上复制和下载资源，忠诚度和归属感大为提高，图书馆服务也能进入一个新的发展阶段。可见，通过立法措施提高图书馆作品数字化传播的免责权，属于一个双赢的解决方案，著作权人既能得到更多的电子版税收入，也能与图书馆建立更牢固的关系；而对于图书馆来说，通过更广泛的数字化传播，能够有效促进自身的市场化发展。

3. 购买数据库服务尽量避免连带责任

随着法治社会的不断推进，人们的法治意识大为提高，一些著作权人更愿意通过法律途径维护自身权益。当图书馆购买数据库服务时，就有可能背上连带责任，如果发生诉讼就会成为被告。尽管我国《侵权责任法》规定图书馆有一定的免责范围，但依然有不少图书馆牵连其中，耗费大量的人力、物力、财力去协助调查、澄清事实，这成为图书馆业务拓展过程中的一个棘手问题。相关立法部门应进一步明确图书馆的免责范围，规定图书馆向用户提供知识数据库链接或者镜像服务时，享有一定的免责权。而数据库服务商所涉及的作品侵权事件与图书馆无关，这样就能帮助图书馆不再受到此类事件的干扰，消除图书馆开拓知识服务的后顾之忧。此外，图书馆在购买数据库服务时也可以采取一些自我保护方式，例如，在与数据库服务商签订协议时，可以加入免责的约定条例，当数据库服务商出现作品侵权问题时，图书馆不承担连带责任。在法定条件和协议的双重保护下，图书馆购买数据库服务将变得更加放心，这是完善图书馆分享作品免责权体系的重要环节之一。

第二章　信息素质教育的基础认知

信息素质在世界各国已引起越来越广泛的重视，并逐渐成为评价人才综合素质的一项重要指标。当今社会，信息素质是人才能力发展的重要基础，是终生学习的核心，它使人们在一生中都能有效地搜寻、评价、使用和创建信息，以实现其个人与社会目标。

第一节　信息素质的基础认知

一、信息素质的概念与发展

信息素质的提出可追溯到1974年。当时的美国信息产业协会主席保罗·泽考斯基(Paul Zurkowski)在其向美国全国图书馆和信息科学委员会提交的一份报告中最早提出了“信息素质”一词，并将信息素质概括为“利用大量的信息工具及主要信息源使问题得到解答的技术和技能”。他对具有信息素质的人做出以下描述：“他们接受过信息资源应用培训，掌握了利用信息工具的技术和方法，能够应用广泛的信息资源解决实际问题。”

20世纪70年代末，众多图书情报机构的工作者和图书情报学专家都试图对保罗的概念做出修正。1979年，美国信息产业协会(AIIA)对信息素质的官方解释为：“掌握了利用信息工具的知识与技能，并将其应用于解决实际问题。”同年，美国图书馆学信息学专家罗伯特·泰勒(Robert Taylor)在《图书馆工作的未来》一文中将图书馆学与信息素质联系起来。他认为，一个具备信息素质的人应该首先知道许多问题可以通过利用信息得以解决，并应具备获取信息的策略与方法。

20世纪80年代，计算机的普及应用为信息素质注入了新鲜的元素，信息素质的内涵发生了深刻的变化，人们不再单一地将信息素质界定为一种能力，而是意识到了信息素质其他几方面的品质，为信息素质教育的进一步发展奠定了基础。

1985年，美国的科罗拉多大学丹佛分校图书馆结合图书馆对提高信息素质的作用对信息素质的定义进行了探讨。他们认为，“信息素质应该是一种综合性的技能，具有信息素质的人能超越对个别信息的探索，不但能对信息进行必要的和有效的处理，而且对其具有一定的理解和评价能力，懂得图书馆不是唯一的信息源”。(李贵成，2016)

20世纪90年代以后，人们对信息素质概念的认识和研究进一步深入，在强调信息素质作用的同时，已将信息素质放在人的整体素质的层面中去考虑。

1992年，克里斯蒂娜·多伊尔(Christina Doyle)基于对调查结果的分析给信息素质所下的定义是：信息素质是指能够从多种信息源中存取、评估以及利用信息的能力。

1994年，麦克克卢尔(C.R.McClure)指出，信息素质是以下四方面素质的集成：传统素质，指具备读、写、计算等基本文化素质；媒体素质，即对包括图书馆信息资源在内的各种信息媒体的认识；计算机素质，即了解计算机基本文化，掌握其基本应用；网络素质，即对当代信息环境的核心——互联网的认识和掌握。整体而言，信息素质是将这四种素质借助适当的教育与训练，培育人们具备了解信息的价值，在需要信息时能有效地查询信息、评估信息、组织信息与利用信息的能力。

杰罗米·夏皮罗(Jermy.J.Shapiro)和雪莉·休斯(Shelly.K.Hughes)从八个方面定义了信息素质：工具素质、资源素质、社会结构素质、调查研究素质、出版素质、新技术素质、评论素质、在线交流和通信素质。

国内学者探讨信息素质及其教育始于20世纪80年代后期。此时，国外对信息素质概念的研究已奠定了坚实的理论基础，给国内学者提供了丰富的参考依据。国内对信息素质概念的研究逐渐趋于深刻和全面。

1997年，马海群在《论信息素质教育》中指出：“信息素质可以广义地理解为在信息化社会中个体成员所具有的各种信息品质，包括信息智慧（涉及信息知识与技能）、信息道德、信息意识、信息觉悟、信息观念、信息潜能、信息心理等。”这是讨论信息素质问题较早的一篇文献，他提出的定义基本确定了国内关于信息素质概念的框架。

纵观国内外对信息素质概念逐渐完善的过程，可以看出，信息素质是一个综合性的、动态变化的概念。自20世纪70年代提出“信息素质”一词以来，随着社会的发展，新技术的不断出现，信息素质的内涵与外延也在不断地发展变化之中，人们对信息素质的认识已逐渐完善、逐渐统一。

二、信息素质的构成要素

信息素质是一种基础素质、能力素质，是个体与外界环境进行信息交流并作用于外界事物时所表现出来的稳定的个性素质，涵盖了四个方面的内容：一是信息意识，二是信息知识，三是信息能力，四是信息道德。这四大内容相互影响、相互作用，形成了一个整体。在这个整体中，信息意识占据着主导地位，信息知识占据着基础地位，信息能力占据着核心地位，信息道德是准则。

（一）信息意识

信息意识是人的大脑对信息做出的识别、分析、判断等反应，还会对信息的利用价值做出合理评价，其具体含义如下。

(1) 信息意识是信息在人脑中的反映，是对信息功能的认同意识。

物质决定意识，意识是物质在人脑中的能动反映。信息意识作为一种意识，自然具有意识的本质属性。信息社会里，信息充斥于社会生活的各个方面，信息活动已经融于各项社会活动之中，日益激烈的竞争社会使人们认识到信息在信息时代的重要作用，刺激了人们对信息的渴望和对信息的敏感性，信息意识应运而生。(朱立新，2007)

(2) 信息意识是对信息所特有的自觉反映，是对信息与信息价值所特有的感知力和感悟力。

信息意识是一种心理上的潜意识，人们对信息的心理需求越强，意识就越明确，自觉性、能动性就越大。

(3) 信息意识是对信息来源的选择意识，是人们捕捉、判断、整理和利用信息的意识。

对信息的积极的内在需求，使人们能够从纷繁复杂的各种信息流中分辨出对自己有用的信息，能将来自各方面的零散信息有机地联系起来，并能从中挖掘出所需信息，加以分析、判断及利用。

(4) 信息意识是对信息敏锐的感受力、持久的注意力和对信息价值的判断力、洞察力，以及对信息的检索、利用和开发意识。

在收集整理和使用信息时，必须对信息的真实性和实用性进行甄别，只有满足了信息的适用条件，信息才能创造价值。

(5) 信息意识是对现代技术的认知力。

信息社会里，信息技术(尤其是计算机技术和通信技术)的迅速发展，使得它成为人们获得信息的主要途径及信息源。

信息意识是信息素质中最根本的因素。如果一个人缺乏或没有较强的信息意识，他就不知道自己要干什么、需要什么，面对不懂的事物，他就不能积极主动地去寻求答案，也不知道该到哪里以何种方式去获取有价值的信息，学习与工作自然不能很好地开展。如果一个人具备了较强的信息知识，就能对信息的价值与作用做出全面认知，从信息视角出发对事物进行观察，对问题进行思考，进而获取有价值的信息，利用创造性思维处理信息，从而有效地提升自己，继而形成知识生产力。

（二）信息知识

信息知识是信息素质的基础，是有关信息的本质、特性、信息运动的规律、信息系统的构成及原则、信息技术、信息方法、信息检索等方面的基本知识。它不仅可以使人的知识结构发生较大的改变，还能唤醒原有的学科知识，将文化知识融入专业知识，让其作用最大限度地发挥出来。人的信息意识、信息能力会随着信息知识的增长而增长，没有信息知识作基础，信息素质就无从谈起。

（三）信息能力

信息能力指的是人们以有效的信息技术、信息资源为工具对信息进行认知、获取、处理、利用并创造新信息的能力。在信息的众多要素中，信息能力占据核心地位。在信息素质中，信息能力是操作性最强的一种能力，是对信息素质进行衡量的有效工具。在信息时代，只有具备较强的信息意识，储备了丰富的信息知识，拥有较强的信息能力，掌握了信息时代这一重要的生存能力，才能有效地利用各种信息工具去收集、获取、传递、处理有价值的信息，才能在信息社会中更好地生存和发展。

（四）信息道德

信息道德是人类在信息技术发展过程中形成的一种自我要求和自我限制。在信息素质教育中，信息道德是非常重要的内容，对所有的信息活动都起着有效指导作用。信息获取是所有科研活动开展的基础，所以任何科研活动都存在信息行为，信息道德规范着信息行为。在信息时代，每个人都要以一定的信息道德为标准对自己的信息行为进行规范，对他人的劳动成果予以尊重，通过合法的渠道，利用合法的方式获取信息，这是最基本的信息道德。

第二节　信息素质教育的重要性、原则与途径的相关研究

一、信息素质教育的重要性

（一）是建设创新型国家必备的综合能力

曾有专家说过，我国现在还不能完全蜕变成创新型国家的原因之一就是大学依旧是按照传统的模式去培养学生。想要尽快建立创新型国家就得先从改变大学模式开始，要培养出创新型的人才。大学甚至一个国家没有自己独创的东西而只是一味沿用先人的模式，是不会有未来的。中国高等教育应当调整策略，大力推进创新型人才建设。教育部应该站在实现创新型国家战略政策的角度去实施教育计划。只有培养出高水平的一流的创新人才，国家才能走上创新之路，才能从根本上提高自主创新能力。毋庸置疑，大学生的创新能力对我们国家的发展十分重要。在这个高速发展的信息经济时代，知识创新能力和技术创新能力关系着国家综合国力的强弱。信息素质教育则是培育知识创新能力和技术创新能力的最佳途径和最好的方法。尤其是在这个信息爆炸的年代，信息收集和整理能力是不可或缺的。所以，想要提高创新能力就必须先提高自身的信息获取和吸收能力。大学生在日常学习过程中就必须对自己专业领域的资料进行消化，只有通过不断的学习才能使自己成为新型社会所需要的创新型智能人才。(谭逦立，2015)

（二）推动学习型社会的构建

新型社会是学习型社会，旨在建立全民学习、终身学习的全面学习氛围。要想建立这样的新型社会，就必须加快教育信息化进程。远程教育和继续教育也要大力发展和推广。在这样的社会氛围之下，民众才能够更好地被调动起来，全民学习的氛围才能逐渐营造起来，民众的终身学习意愿才能更加强烈和自主。所以，社会为民众提供良好的信息资源和途径是十分必要和必须的。便捷的学习资料才能保证民众的终身学习进程顺利进行。同时，也要更加着力培养大学生的学习实

践能力和自主学习能力。信息更换速度越来越快，据调查，大学生在校学习的知识一年之后就已经完全不够日常学习使用，所以大学生更要自主学习，不断吸收新的知识，掌握新的技能，从最新的途径获取最需要、最必需、最关键的技能知识，才能不被这个日新月异的社会淘汰，才能不断乘风破浪勇往直前。高校方面也要教会学生如何筛选知识和整理知识、如何更高效地吸收知识等必备技能。只有学习了这些，大学生才能在以后的工作岗位上不断进步，获得长足的发展。

二、信息素养教育遵循的基本原则

（一）针对性原则

针对性原则，即因材施教，而不是用千篇一律、填鸭式的传统方式进行信息投放。这种原则主要针对用户的接收能力和个人特点进行匹配。不同的用户因为自身的特点对信息和知识的接收能力、程度和反应是绝对不相同的，只有对这个用户进行详细评估之后才能给其投放最实用的信息和知识。另外，对不同职业、年龄的客户进行相应的技能和知识培训时，对其进行信息素质教育应该具有针对性。例如，针对潜在的信息用户，应该让他们成为现实的用户，而针对现实的用户，应该提高他们的信息意识和增强他们的信息素质。(许征尼，2010)

（二）实用性原则

高校的信息素养教育大多数都是文献检索课的教学内容。选修课的课时一般都是非常少的，所以怎样能在最短时间内获取最有效的、最实用的知识十分重要。以实际应用为指导对学生进行专业技能的培训，只有这样学生才能正确表述自己的信息需求，熟练地运用文献、口头或实物传递信息。

（三）层次性原则

根据用户的个人特点对信息进行分层处理的重要性在于，让学生们对所掌握的信息能够最大限度地进行实际应用和操作，只有学以致用才能真正达到学习的目的。其具体分为基本信息素养、应用信息素养和开发设计信息素养。不同阶段的大学生必修或选修的课程对信息的获取是不同的，所以信息素养教育要针对这种层次性和阶段性的特点对学生进行“因材施教”，而不是盲目地千篇一律地灌输某种知识。只有这样因材施教，学生才能更好地达到学习效果。

（四）连续性原则

学习永远都是个循序渐进的过程，填鸭式或者一口吃个大胖子的想法都是不正确的。知识也是由浅及深的层次性信息，学生更需要在每个阶段根据自身特点、学习能力、接受能力进行学习。

（五）普及性原则

当今社会是一个信息爆炸的社会，能够及时获取关键信息的能力显得尤为重要。社会中的每个个体都要接触并且掌握这一技能。如果无法跟上时代的步伐，那么将会面临被淘汰的可能。

三、信息素养的培养途径

（一）充分利用图书馆收藏的大量文献资料

如何提高自身的信息素养呢？图书馆作为一个收藏知识、传递知识的信息情报中心，是非常理想的场所和途径。图书馆里具有有序化的文献资料体系和完整的文献检索系统。学生可以更加系统地了解最新技术成果、研究方向和热点，从而培养他们对专业学习的广泛兴趣，提高他们对新的科研信息的注意力、观察力，培养他们的信息意识和捕捉信息的能力。

（二）参加信息知识讲座

大学生多多参与各种信息讲座或者学术讲座是十分有用的接收信息途径。新生入学时，大学都会对学生进行数字图书馆的介绍，学生也要充分利用这样的资源进行自我补充和学习。大学生应积极参与这些讲座，投入这样的学习氛围中来，充分掌握，广泛涉猎。只有掌握了比较多的知识，有了扎实的基础，才能在后面的毕业设计和毕业论文中如鱼得水。在更深层次的科学研究和社会实践中，这些都是极其宝贵的财富。在校期间不仅要掌握大量的信息知识，更重要的是掌握这样的学习能力，如此一来在以后不断的挑战中才能应对自如。

（三）参加文献检索课的学习，注重网络环境下信息能力的培养

很多高校专门开通了文献检索课来培养学生的检索能力。文献检索课程中会专门给学生讲解如何根据关键词等检索文献等资料。不仅如此，学生更要自发自主地学习这种方法和步骤，并且在日常生活学习中应用起来。这样一来才能拓宽获取信息的途径，获取了更多的信息和掌握了如何检索之后才能在海量的信息面前应用自如，而不是手忙脚乱地不知如何应对，不仅浪费了学习资源，更是没有达到学习目的和效果。

（四）结合专业知识培养学生的信息素养

信息素养的培养不是和学生的专业学习分开的，而是和专业知识相辅相成的一种信息获取途径。所以，对于文献检索的学习是十分有必要的。虽然这门课真的能提供给学生有效的信息和知识，但其实文献检索是一个非常漫长且无味的过程。那么如何才能提高学习效率呢？学生不妨把这门课当作一个工具而不是负担，和自己的专业课结合起来，积极查询专业课知识，这不仅会拓宽自己的眼界，而且有助于掌握信息检索、收集和评断的能力。这样的学习效果会更理想，对于建立学习型社会也十分有帮助。

第三节　大学生信息素质教育的内容解读

一、信息素质教育的研究及意义

信息素质教育是一种旨在根据社会信息环境的需要，通过行之有效的途径和方法，培养和提高个体的信息知识、信息意识、信息能力和信息道德素质，从而激发个体信息智慧和信息潜能的教育。

信息素质教育是一种终身教育，它作为整个素质教育体系中的一个方面，贯穿于个体发展的每个阶段，促进了个体的身心发展。信息素质教育不仅仅是培养了人们的信息检索技能和计算机应用技术，更重要的是培养了人们对信息环境的识别能力、理解能力、应变能力以及运用信息的自觉性、预见性、独立性和创造性，从而使人们的综合素质得以提高。

（一）信息素质教育的研究

英国的信息素质教育在初等教育和中等教育时期开展较好，具有悠久的历史。1988 年设立的国家课程中，信息技术已被列为中小学课程。

日本政府对信息素质教育非常重视，其信息素质教育工作具有长期稳定性和连续性的特点。1985 年，日本在“回应信息化社会的初等、中等教育和各方调研协作会议”上，就提出了信息教育的必要性。

自 20 世纪 90 年代中期开始，信息素质教育就被引入澳大利亚许多大学的教学计划中。当信息素质教育日益成为图书馆用户教育的核心时，澳大利亚关于信息素质教育的研究已走到了世界的前列。1994 年，澳大利亚高等教育委员会“在大学教育中培养终身学习者”的报告中指出，“信息素质是大学生课程体系中的四个必要元素之一”。

我国较为规范的信息素质教育始于 20 世纪 80 年代中期，主要是在高等院校中进行。1984 年、1985 年和 1992 年，教育部先后三次下发文件推动“文献检索与利用课”的开设与普及，为我国高校信息素质教育奠定了坚实的政策基础。2002 年，在哈尔滨召开“全国高校信息素质教育学术研讨会”，正式用“信息素质”替代文献检索与利用课，这是高校信息素质教育的一个里程碑。同年，教育部颁布的《普通高等学校图书馆规程(修订)》中，明确要求“通过开设文献信息检索与利用课程以及其他多种手段，进行信息素质教育”。

（二）信息素质教育的意义

创新人才的培养，国民整体素质的提高，全社会信息化进程的推动，国家竞争力的加强，等等，这一切都离不开信息素质教育，因此，深入研究、广泛开展、系统强化信息素质教育，显然是非常重要的。

(1) 信息素质教育是社会发展的需要。科技的进步，生产力的发展，使人类进入了信息社会，信息成为社会发展的决定力量和主导因素。信息增长的飞速化、信息传播的全球化、信息手段的多样化、信息处理的现代化，使得信息素质成为人们在信息社会中生存与立足的必备条件。只有通过信息素质教育，才能不断培养和强化人们获取、利用和转换信息的各种基本能力。大学生只有接受系统的信息素质教育，培养良好的信息意识，具备较强的信息能力，具有较高的信息道德，才能适应知识经济时代发展的需要。

(2) 信息素质教育是人自身发展和终身学习的需要。发展的社会，需要终身学习的人，需要自身不断发展的人。信息素质教育就是“授人以渔”，使人们从“学会知识”到“会学知识”，使人们掌握获取知识的方法和渠道，学会合理利用信息资源解决各种现实问题，拥有良好的信息素质，成为具有创新能力的高素质人才。瞬间发生的新信息、不断更新的知识、层出不穷的新科技，这一切都要求大学生在努力掌握好所学的基础知识、专业知识之外，不断去开阔视野，拓宽知识面，具备良好的信息素质，在信息交流中获取有用的信息，能根据自己的实际需要整理、评价、利用、创新信息，使其为自己服务，有效地促进自己的学习。

(3) 信息素质教育是教育改革的需要，是素质教育的重要组成部分。中共中央国务院《关于深化教育改革全面推进素质教育的决定》中指出，“深化教育改革，全面推进素质教育，构建一个充满生机的有中国特色社会主义教育体系，为实施科教兴国战略奠定坚实的人才和知识基础”。强调“高等教育要重视培养大学生的创新能力、实践能力和创业精神，普遍提高大学生的人文素养和科学素质”。

素质教育就是以提高人的整体素质为目的的教育，不仅要提高人文素质、科学素质，还要提高信息素质，除了要向学生传授科学文化知识外，还应当重视培养学生获取信息、利用信息、解决问题和知识创新的能力。信息素质教育是素质教育的重要组成部分，通过信息素质教育，使学生不但具有良好的思想道德素质和身心素质，还具有较高的文化素质、信息素质和业务素质。

(4) 信息素质教育有助于推动全社会的信息化进程。信息技术的广泛应用，信息资源的急剧增多，使信息化的社会要求高水平的信息素质人才。适应这一发展趋势，通过良好的信息素质教育培养出的全方位发展的大学生，不仅能够有效地获取信息、识别信息、整理信息，而且能够充分地利用信息、创造信息，有力地推动全社会的信息化进程。

二、大学生信息素质教育的内容

开展信息素质教育是大学生自身发展的需要，也是历史赋予高校图书馆的重任。《普通高等学校图书馆规程(修订)》中明确指出，高等学校图书馆的主要任务之一，就是“开展信息素质教育，培养读者的信息意识和获取、利用文献信息的能力”。高校图书馆是学校的文献信息中心，拥有丰富的文献信息资源，拥有一支多层次、多学科及受过图书馆学、信息管理学等专业教育的人才队伍，应该和学校的专业教师队伍相结合，着重从以下几方面开展对大学生的信息素质教育。

（一）培养大学生的信息意识，提高大学生的信息能力

信息意识是实现信息价值的初始和前提，要利用一切有利的条件，大力做好宣传工作，通过一系列理论与实践的教育，培养大学生的信息意识，使其在面对各种信息时，能够快速敏感地做出反应，养成信息思维的习惯，能时刻意识到自身的潜在信息需求，树立起强烈的主体意识、传播意识、创新意识和自我发展意识，提高大学生的信息能力。

(1) 新生入馆教育。这是加强图书馆与读者之间联系的重要环节。利用新生学前教育的机会，通过组织学生参观图书馆、发放“图书馆读者指南”、开设“怎样使用图书馆”讲座等形式，对新生进行入馆教育，使学生知晓学校图书馆的概况，了解图书馆的功能，知道如何利用图书馆，提高学生自觉利用图书馆的意识和能力。

(2) 开展形式多样的信息素质教育活动。针对不同层次、不同需求的读者，图书馆可开设各种信息素质专题讲座与培训，如中外文数据库的利用、图书的检索与利用、网络信息资源的获取与文献传递等，针对数据库的使用技巧和馆藏资源的利用等问题，定期或不定期地举行；还可举办“电子资源宣传月”“读书竞赛”“读者交流会”等丰富多彩的信息素质教育活动，使学生多方位了解信息的热点问题，培养学生的信息意识，使其能够明白自己的信息需求，通过有效利用图书馆的资源，全面提高自己的信息素质水平。

(3) 开展媒体校园宣传活动。邀请计算机网络公司、学术数据库公司、通信服务行业、信息化应用先进单位到校园内开展信息化宣传，展示新产品、新技术，通过讲解、演示包括各类学术数据库在内的信息产品的应用和使用方法，使学生及时了解到新产品、新技术，普及信息化知识，扩大信息化影响，形成浓厚的信息素质教育氛围，促使大学生更多地从信息角度认识事物，全方位地提高他们的信息意识。

（二）将信息素质教育课程纳入教学计划，积极开展信息素质的课堂教育

“授人以鱼，三餐之需；授人以渔，终生之用。”目前在高等院校中普遍开展的信息素质教育课程就是传授给学生捕鱼法，通过开设专门的信息素质教育课程，为学生讲授信息知识、信息技术、信息方法以及信息法律等方面的内容，教给学生信息检索与利用的技能，使学生充分掌握文献信息资源的检索能力。随着现代信息技术的迅猛发展，除了介绍传统的手工检索工具体系外，还应加强网络信息资源检索工具、计算机检索与利用、多媒体技术等现代信息技术内容的教学，

加大机检实习环节，重视培养学生的信息知识更新以及终身学习的能力，使学生掌握查找与利用文献信息的技能和技巧，提高其利用现代技术手段获取信息、利用信息进行创新的能力。在课程的讲授中，还应注意将信息道德贯穿于整个教学活动中，优化学生的信息品质。

三、信息素质教育的内容

泛在知识环境下，高校大学生的信息素质教育必须得到重视和提高，才能适应泛在社会带来的信息资源、信息需求、信息行为、信息设备、信息应用的泛在化，并且应该具备在不同信息环境和信息需求的条件下，利用合理的信息设备和信息资源，通过采取合理合法的信息行为，快速、精确地获得各类信息，并能够对信息进行鉴别、分析，最后有效地利用信息来解决生活、学习、科研中的问题。

1978年，诺贝尔经济学奖获得者赫伯特·西蒙[1]曾经说过这样的话："太多的信息和太少的信息同样是不理想的。各种信息蜂拥而至，我几乎没有时间去阅读来函和听电话，问题不在于是否有信息，而在于我们能够加工的信息有多少，我们的知识能使我们分析什么样的信息，并从中抽取出有意义的部分。"在泛在知识环境下，只有提高大学生的信息素质，才能使他们在今后的学习、生活和工作中立于不败之地。

通过上节对信息素质内涵的分析，信息素质教育的内容应该体现在以下几个方面。

（一）信息意识

信息意识是指当我们接触到一些信息的时候，大脑会根据我们的知识储备反馈给我们一些感受或者认知。它一般从两个方面来体现：第一，我们通过接触信息，明白了我们的需求是什么，然后以此来进行有目的的挑选；第二，当我们无意当中接触到有用信息时，我们能够敏感发觉到我们对信息有一定的需求。每个人对信息的敏感程度是不同的，它与每个人的生活环境、教育程度、职业范围等息息相关，一个知识储备更加完善的人对于信息的敏感程度更加深刻。当然一个人的知识储备并不是一蹴而就的，需要不停地积累和学习，但是我们可以通过更加有针对性的训练来锻炼人们对于信息的敏感程度，提高人们对信息的重视程度，

[1]赫伯特·西蒙（Herbert A.Simon，1916—2001），美国管理学家和社会、经济组织决策管理大师，第十届诺贝尔经济学奖获奖者。1916年生于美国威斯康星州密尔沃基。毕业于芝加哥大学，1943年获得博士学位。

从而帮助人们提高信息意识。

培养大学生的信息素质首先要提高他们对信息的需求意识，并且能够有逻辑性、有条理性地分析处理有用信息，并将获得的信息应用到生活学习中，培养他们的信息意识，使之成为他们生活中的一种习惯和技能。

（二）信息技术

信息技术就是指我们在获得信息的时候所采取的一些方式方法或者技巧知识，后者主要包括文化知识、语言方面的知识、理论上的知识以及一些技术上的知识技巧。但是无论是理论上的信息知识还是实践中的技术知识，都应该在传统知识的基础上发展与进步。如果基础知识不牢固，就不能对信息的技术知识加以很好地运用和学习。信息技术是人们在为了获得知识，从而采用的一些工具、技巧等方式方法而产生的智慧结晶，它是我们发展信息素质的一项基本元素，它一般由以下几个方面构成：基本知识的掌握、技术知识的运用以及一些语言知识。

（三）信息技能

信息技能是人们培养信息素质最关键的一点，技能的掌握好坏可以影响人们对信息的获取、信息的评估、信息的分析运用以及信息的拓展等。信息技能的引申定义就是指信息能力。相比之下，信息技能更能够体现对人们行为的评价，而信息能力则是更加深入人们心理的活动。当人们的信息能力达到一定程度的时候，会对信息的掌握达到饱和，但是技能方面能够继续发展。由于每个个体之间存在差异，也就导致人们对于信息的掌握以及运用存在差异。对一个人信息能力的评价也是对他信息素质是否全面的一个评价，它是人们在塑造信息素质的同时所获得的能力。这种能力包括了人们对于信息的获取能力、对于信息的处理分析能力、对于信息的运用能力等。

（四）信息德行与法规

信息的德行是指信息活动过程中的道德与行为，也可以理解为信息的伦理道德行为。信息法规则是指约束信息的法律法规。信息德行与法规是人们在获取信息以及处理和创新信息过程中必须遵守的一些准则。我们可以从信息的主体开始对他们进行约束或者是意识的培养，使他们在信息的传递与发挥作用过程中也一直保持必备的德行、遵守相应的法规，这些被规范的行为包含了人与人之间、人与物之间或者是人自身的各种表达方式。我们在塑造信息德行与法规时，要从以下几个方面入手。

1. 保证信息的准确传播

我们在发布一些信息的时候，一定要保证信息的真实性和准确性。无论是个人还是一个团体，保证信息的准确传播都是最基本的要求。在现在的网络中，因为对于信息的监督还处于比较薄弱的环节，所以导致网上的信息真假参半，质量不能得到保证。所以，我们提高信息的透明程度以及增加人们对于信息的知情权也是非常必要的。当我们都正当运用自己的权利的时候，我们就能获得这个权利带给我们的便利。

2. 对信息的选择

现在的网络中，充斥着各种不良的信息，使社会各界对于网络所涉及的法律法规问题也越来越重视。我们对信息的选择就是指，我们在面对形形色色的信息时有最基本的判断能力，能够自觉屏蔽掉不良信息对我们的影响，这个能力能够帮助我们在网络的世界中更加安全和健康。

3. 重视隐私权

通过相关的研究表明，我们每个人都会对他人的秘密产生兴趣。在现在这样一个信息飞速传递的社会中，个人的信息被有心人在网络中任意传播，导致人们的隐私被窥探，生活受到影响，这就需要人们通过正规的手段来捍卫自己的权利。但是，由于法律也有一定的限制性，所以我们自身应该对自己的隐私重视起来，只有这样，才能从源头阻挡大部分的骚扰。

（五）学习的坚持

提高信息素养的目的是使人们对学习有一个坚持的动力。而坚持指的是人们在有限的一生中做的无限的努力。国际教育委员会的报告中提过“终身学习是21世纪人的通行证”。这就是指人们在学习上的坚持，这个学习不仅仅是对知识的学习，也是指我们生活中、工作中对人、对物的一种态度上的不断完善。这些是每个人一生都在追求的完美事物。学习的坚持可以帮助我们解决生活学习中的困难，更好地认知这个社会，可以提高我们的欣赏能力，提高我们的生活品质，等等。学习的坚持所获得的好处可以在生活各处体现出来，可以始终影响我们的发展与进步，这种发展与进步是为了使我们能更好地适应社会的进步与发展。培养学生坚持学习的习惯，主要从以下几个方面入手。

1．培养主动学习的习惯

主动学习是个体发自内心的迫切需要和愿望，养成自主学习、自我评价、自我监督的主动学习习惯。让学生把学习当成自己的事情，随时随地把零散的时间利用起来学习，并且对自己的学习及时有效地进行评价，目的是保证学习的速度和质量，更重要的是保证学习方向的正确。人的学习会受到周围环境的影响，在对学生终身学习能力培养的过程中，应该让学生学会主动调节自己的学习行为，遇到困难要坚持不懈，这是主动学习的重要内容。

2．培养学生探索知识、更新知识的习惯

让学生产生对自己专业领域知识的兴趣和探索精神，学生应该主动丰富自己的信息资源，不断地对自己掌握的知识和能力进行联系、推敲、质疑和发展。

3．培养学生学以致用的习惯

养成学以致用的习惯，要经常观察和思考，并要学会动手做。大学生，特别是理工农医类的大学生，要不断动手做实验来验证自己提出的想法和观点。动手操作是知识的生长点。在操作的过程中，我们会了解和掌握其中蕴含的规律和知识。

4．培养科学管理知识和处理信息的习惯

21 世纪最重要的学习能力是学会管理知识和处理信息。在浩如烟海的海洋里，我们不可能将所有的知识都记住，但是我们可以清楚到哪里去找所需要的知识，明确自己该怎么去获得所需信息，并且能够迅速地找到。学会利用计算机和网络管理知识去处理信息。培养科学管理知识和处理信息习惯的重中之重是要学会反思，要多思考、多复习、多动笔。

终身学习不仅是工作需要，而且是生活需要，是人类进步的需要。在校大学生应该珍惜在学校学习的机会，学好专业知识和掌握获取知识的方法。

第四节　大学生信息素质评价标准分析

信息素质评价标准是衡量信息的主体即查找信息和利用信息的人，是否达到特定的要求。它利于信息素质教育的规范化进行，是信息素质教育评价的依据，也是准确判断人们信息素质水平的标尺。信息素质评价标准的制定，有助于了解大学生的信息素质能力和信息素质教育的成果，以利于教学方式、方法的改进。对于信息素质评价标准，国外已进行了较深入的研究，其成果已较成形，国内尚处于起步阶段，目前还没有制定国家统一规范的评价标准，只是对国外相应标准的修改和补充。

国内外主要信息素质评价标准如下。

(一) AASL 标准

1998 年，美国学校图书馆协会(American Association of School Librarians，AASL)在《信息能力：创建学习的伙伴》一书中，从三大类的九项标准制定了《学生学习的九种信息素质评价标准》，是美国较早的关于信息素质评价标准的草案。

1. 信息素质

标准一：具有信息素质的学生能够有效地、高效地获取信息。

标准二：具有信息素质的学生能够熟练地、批判性地评价信息。

标准三：具有信息素质的学生能够精确地、创造性地使用信息。

2. 独立学习

标准一：作为一个独立的学习者具有信息素质，并能探求与个人兴趣有关的信息。

标准二：作为一个独立的学习者具有信息素质，并能欣赏作品和其他对信息进行创造性表达的内容。

标准三：作为一个独立的学习者具有信息素质，并能力争在信息查询和知识创新中做得最好。

3. 社会责任

标准一：对学习社区和社会有积极贡献的学生具有信息素质，并能认识信息对社会的重要性。

标准二：对学习社区和社会有积极贡献的学生具有信息素质，并能实行与信息和信息技术相关的符合伦理道德的行为。

标准三：对学习社区和社会有积极贡献的学生具有信息素质，并能积极参与活动来探求和创建信息。

(二) ACRL 标准

美国大学与研究图书馆协会(Association of College and Research Libraries, ACRL)颁布的《高等教育信息素养标准》是目前已有的信息素质评价标准中较为权威的一种，也是目前被接受并使用最为广泛的标准，由 5 项标准、22 项具体的评价指标构成，见表 2-1。

表 2-1 ACRL 标准❶

标准一：能确定所需信息的性质和范围	1.定义和描述信息需求
	2.找到多种类型和格式的信息来源
	3.权衡获取信息的成本和收益
	4.重新评估所需信息的性质和范围
标准二：能有效和高效地获取所需的信息	1.选择最适合的研究方法或信息检索系统来查找所需信息
	2.构思和实现有效的搜索策略
	3.运用各种各样的方法从网上或亲自获取信息
	4.改进现有的搜索策略
	5.学会摘录、记录和管理信息及其来源
标准三：能评估信息和它的来源，并将选取的信息融合到个体的知识库和价值体系	1.从收集到信息中总结要点
	2.清晰表达并运用初步的标准来评估信息和它的来源
	3.综合主要思想来构建新概念
	4.通过对比新旧知识来判断信息是否增值，或是否前后矛盾，是否独具特色
	5.决定新的知识对个人的价值体系是否有影响，并采取措施消除分歧
	6.通过与他人讨论来验证信息的诠释和理解
	7.决定是否应该修改现有的查询
标准四：能有效利用信息来实现特定的目标	1.能够把新旧信息应用到策划和创作某种产品或功能中
	2.能够调整产品或功能的开放步骤
	3.能够有效地与别人就产品或功能进行交流沟通
标准五：熟悉与信息使用有关的经济、法律和社会问题，并能合理合法地获取信息	1.了解与信息和信息技术有关的伦理、法律和社会经济问题
	2.遵守有关的法律、规定、机构性政策和礼节
	3.在宣传产品或性能时声明引用信息的出处

❶2000 年 1 月 18 日，在美国德克萨斯的圣安东尼奥召开的美国图书馆协会(ALA)冬季会议上，美国大学与研究图书馆协会标准委员会评议并通过了《高等教育信息素养能力标准》(Information Literacy Competency Standards for Higher Education)。

(三) ANZIIL 标准

2001 年，澳大利亚与新西兰高校信息素质联合工作组(Australian and New Zealand Institute for Information Literacy，ANZIIL)正式发布了《澳大利亚与新西兰信息素养框架：原则、标准及实践》。2004 年，该工作组又对 2001 年的标准进行了修订。该指标体系由 6 个一级指标、19 个二级指标和 67 个三级指标组成，是澳大利亚与新西兰高校图书馆共同认可与使用的高校信息素质能力指标体系。

标准一：能确认信息需要并决定所需信息的信息种类和程度。

标准二：能够高效地获取所需信息。

标准三：能够批判地评价信息和搜寻信息的过程。

标准四：能够管理所收集或者产生的信息。

标准五：能将初始信息和新的信息应用到构建新概念或者创新知识中。

标准六：能在使用信息时，懂得和遵守与所使用信息有关的文化、道德、经济、法律和社会问题。

第五节　国内外信息素质教育研究状况分析

一、国外信息素质教育研究现状

研究和探讨国外信息素养教育的现状，从它近几十年来几个重要的会议及机构的成就可以有一个大致的了解。

(一) 《美国图书馆协会信息素质主席委员会总报告》的 6 项建议

在 20 世纪 70 年代，信息素养教育已经有了一个雏形——信息用户教育。信息用户教育的开展为信息素养教育打下了基础。经过几十年来的研究和探讨，信息素养教育从概念、内涵、标准都获得了相当的成就。1989 年 1 月，《美国图书馆协会信息素质主席委员会总报告》(*The American Library Association Presidential*

Committee on Information Literacy：Final Report，January 1989)提出：“为了对一个持续变化的环境做出有效的反应，人们需要的不仅是一个知识基础，还需要各种技术来研究它，把它与别的知识基础联系起来，并且在实践中应用。换句话说，我们过去所处的环境变化了，我们不得不建立起一个被称之为信息素质的新基础。”在该报告中提出了 6 项建议，这 6 项建议都是针对信息超载带来的负面影响而提出的。这 6 项建议的内容表述如下。

建议 1：必须重新认识长久以来人们组织信息的方式、构建信息节点的方式和界定信息在家庭生活、社区生活和工作中作用的方式；

建议 2：应成立美国图书馆协会领导的信息素质联合会(Coalition for Information Literacy)，与其他国家的组织和机构合作，促进信息素质的培养；

建议 3：应该着手进行与信息及信息利用有关的研究和示范项目；

建议 4：各州教育部、高等教育委员会、学术管理委员会应该承担起确保在州、学校里形成有助于培养学生成为具备信息素质的人的氛围的责任；

建议 5：应该修正对教师培训和对其素质的要求，使之包括与信息素质相关的内容；

建议 6：对信息素质与白宫图书情报会议(The White House Conference onLibrary and Information Services)各议题关系的认识应该加深。

这 6 项建议的提出和实施是在时间相对较短、财政支持很少，并且大多是在志愿者和民众努力的条件下进行的。目的是使美国通过个人信息素质的提高从信息时代获得利益。从这六项建议的内容可以看出，信息素质教育得到了国家的重视。

(二) 美国国家信息素质论坛的工作成就

1990 年，美国国家信息素质论坛(National Forum on Information Literacy)成立，它的成员数量不断增加，美国、新西兰、澳大利亚、加拿大、英国等国都已相继加入。这也看出了各国对信息素养的重视。论坛组织确定其成员的目标是加强对中小学和高等院校信息素质工作的领导。这种工作经常采取在国家会议上制定规划、在出版物上撰写文章、在网站上发布一些有关这一主题的信息和形成特殊的兴趣小组等形式。它的三个论坛成员，即美国学校管理者协会(The American Association of School Administrators)、美国学校图书馆员协会(The American Association of School Librarians)和国家教育协会(National Education Association)在美国西部基金(United States West Foundation)的资助下合作进行了“西部技术之梦”(The Western Technology Dream)的研究。

(三) 联合国信息素质专家会议

21世纪以来，德国、新加坡、西班牙、墨西哥、南非、瑞典等国加入了美国图书馆学会倡导的为推进信息素质教育规划了一百万美元的项目。2003年9月，联合国信息素质专家会议发表了“布拉格宣言：走向信息素质社会”。该会议由美国图书馆学情报学委员会(National Commission on Libraries and Information Science，NCLIS)和国家信息论坛组织，来自世界23个国家代表了七大洲的40位代表讨论了信息素质。他们认为，如何让人们从网络时代的信息、通信资源、信息技术中受益，是当今社会面临的重要挑战，并宣布信息素质是终身学习的一种基本人权。会议将信息素质定义为一种能力，即能够确定、查找、评估、组织和有效地生产、使用和交流信息来解决问题。

从整体上来看，信息素养教育的重要性已经显现出来，并且经过几十年的理论探究和社会实践已经取得了丰硕的成果。

(四) 美国高等教育协会

美国高等教育协会(The American Association for Higher Education，AAHE)创建了一个行动委员会，在它的年会上定期提出有关信息素质的规划。例如，在1998年春季会议上，它为主管学术的副校长和图书馆员发起了一个关于信息素质的特别会议。

(五) 监督与课程发展协会

监督与课程发展协会(The Association of Supervision and Curriculum Development，ASCD)通过了《1991年信息素质的解决方案》(*ASCD Resolution of Information Literacy of 1991*)。这项方案规定，协会各成员每年要报告在支持和促进信息素质方面所做的工作。它在会刊《教育领导》(*Education Leadership*)中专门刊载了有关信息素质的内容，发行了两份简讯，并且建立了特别兴趣小组。

(六) 社会研究国家理事会

社会研究国家理事会(The National Council for the Social Studies，NCSS)会在《成功的期望：社会研究的课程标准》中总结出两份必要技能的清单，如获取信息和组织、利用信息。理事会进一步支持通过各种合作形式，如与国会中心图书馆和国家出版论坛、信息服务机构等合作，利用他们所提供的资源来培养信息素质。

美国学校图书馆协会发表了《解决问题的声明》(*Statement on Information Problem Solving*)，这个声明得到了许多论坛成员的赞同。在同美国教育交流与技术协会的合作中，美国学校图书馆协会推出了《学生学习的标准》(*Standards for Students Learning*)，它清晰地表述了所有学生在高中毕业前都应该掌握的信息技能。

二、国内信息素质教育研究现状

我国对信息素质的研究从20世纪90年代开始，比西方发达国家晚了20多年。在20世纪80年代，当时教育部规定在全国有条件的高校开展文献检索与利用课教学，目的是提高大学生的情报意识和文献检索技能，这个时期的研究多使用“情报能力”。到了90年代，相关文章逐年增多并且增长幅度越来越大，“信息素质”“信息素养”被越来越多地使用，在信息素养的内涵界定上多将信息道德排除在外，而且鲜有对大学生信息素质的专门研究。进入21世纪以后，大学生信息素质的培养日益得到重视，2002年，教育部首次将文献检索课教学改成信息素质教育；2002年1月，高校图书情报工作指导委员会在哈尔滨召开了全国高校信息素质教育学术研讨会，这次会议首次将“文献检索课学术研讨会”改名为“信息素质教育学术研讨会”；2004年9月，华北高校图协第十八届学术年会召开，主题为“信息素质教育和图书馆服务”；2004年12月，成立于1987年的“北京地区高校文献检索课研究会”改名为“北京高校信息素养教育研究会”。学术界对大学生信息素养的研究越来越多，主要是围绕图书馆和文献检索课开展，研究内容涉及了概念界定、必要性研究、现状研究、原因分析、对策研究等。其中特别需要提及的是，近几年来不少学者开始关注信息素养和创新教育、素质教育的关系。但是，在我国大陆的高等教育领域除北京地区进行了高校信息素质能力示范性框架研究和中国台湾地区“资讯素养协会”制定了信息素质能力的指标体系以外，至今仍没有建立一个全国性完整的信息素养标准体系。国内第一个以信息素养为主旨的学生社团——武汉大学信息素养协会(Information Literacy Association at WuHan University)于2006年6月由30多位研究生和本科生发起，并于2006年9月正式成立。协会业务指导单位为武汉大学信息管理学院，首席学术指导教师为武汉大学信息资源研究中心主任、博士生导师马费成教授，国际顾问为美国信息资源管理委员会资深顾问霍顿教授。该协会以提高信息素质、步入信息时代为宗旨，以普及信息素质理论、转变信息观念、提高信息意识、提升信息能力、遵守信息伦理为目的，在互联网时代的学习与成长、信息时代终身学习能力的培养和更好地利用信息提升自己综合素质等方面，为学生搭建信息社会与网络时代的交流平台，激发创意并锻炼能力。2008 年，数字环境下图书馆前沿问题研讨班提出了“提高普及信息素质，增强 21 世纪的竞争技能”的核心论点，再次强调了信息素养教育的重要性。

三、国内外信息素养标准

（一）美国信息素养的标准

1998 年，美国学校图书馆协会和教育传播协会制定了学生学习的九项信息素质标准，概括了信息素养的具体内容。

标准一：具有信息素质的学生能够有效地和高效地获取信息；

标准二：具有信息素质的学生能够熟练地和批判性地评价信息；

标准三：具有信息素质的学生能够精确地和创造性地使用信息；

标准四：作为一个独立学习者的学生具有信息素养，并能探求与个人兴趣有关的信息；

标准五：作为一个独立学习者的学生具有信息素养，并能欣赏作品和其他对信息进行创造性表达的内容；

标准六：作为一个独立学习者的学生具有信息素养，并能力争在信息查询和知识创新中做得最好；

标准七：对学习社区和社会有积极贡献的学生具有信息素养，并能认识信息对民主化社会的重要性；

标准八：对学习社区和社会有积极贡献的学生具有信息素养，并能实行与信息和信息技术相关的符合伦理道德的行为；

标准九：对学习社区和社会有积极贡献的学生具有信息素养，并能积极参与活动来探求和创建信息。

（二）美国大学与研究图书馆协会(ACRL)《高等教育信息素养能力标准》

2000 年 1 月 18 日，在美国得克萨斯的圣安东尼奥召开的美国图书馆协会(AIA)冬季会议上，美国大学与研究图书馆协会标准委员会评议并通过了《高等教育信息素养能力标准》(*Information Literacy Competency Standards for Higher Education*)。该标准包含 5 项标准和 22 项具体的评价指标，较全面地反映了信息素养的内涵要求，其 5 项标准列举如下。

标准一：具有信息素养的学生能够确定所需信息的性质和范围；

标准二：具有信息素养的学生能够有效和高效地获取所需信息；

标准三：具有信息素养的学生能评价信息及其来源，并将选取的信息整合入其知识库和价值体系中；

标准四：具有信息素养的学生，不论是个人或作为小组成员，都能够有效地利用信息达到特定的目的；

标准五：具有信息素养的学生了解信息利用过程中的经济、法律和社会问题，在信息获取和利用时自觉遵守道德规范和有关的法律。

《高等教育信息素养能力标准》不仅是美国图书馆界自己制定并使用的标准，它已得到全美高等教育研究协会(ACRL)及美国独立大学理事会(CIC)的认可和签署。经过十多年的实践，是比较成熟的、权威的评价标准体系。

(三) 澳大利亚图书馆员协会(CAUL)《信息素养标准》

在 2000 年 10 月 27 日至 28 日的堪培拉会议上，澳大利亚图书馆员协会在 ACRL 的《高等教育信息素养能力标准》基础之上修改进而形成了适合于澳大利亚的《信息素养标准》。该标准主要用于高等教育中，也可适用于其他层次的教育。该标准共 7 条，是在美国 ACRL 标准的基础上扩充了 2 条，即标准四和标准七。

标准四：具有信息素养的学生能分类、存贮、利用和改写所收集到的信息或生成的信息；

标准七：具有信息素养的学生能认可终身学习和履行公民职责与行使公民权利需要，成为具有信息素养的人。

标准四是学生组织信息的标准，实际上是在 ACRL 标准第二条的基础上衍生的；标准七则是学生应具备的信息意识、观念问题。总体上来说，继承了 ACRL 标准，并没有大的改动。2004 年，该标准被重新修订，名称改为《澳大利亚和新西兰信息素养评价框架》，原来版本的标准七被删除，新版本包含信息素养和学习能力的介绍以及一些图书馆正在使用的信息素养评价指标框架的例子。

(四) 英国国家和大学图书馆协会(SCONUL)

1999 年，英国 SCONUL 在其发表的《高等教育信息素养》一文中提出了一个被称为“信息素养七个支柱”(Seven Pillars of Information Literacy)的模型，该模型包含了高等教育中信息素养的 7 个重要技能。文中还涉及一个图表，给出了从一个初学者到专家在信息素养方面所需要的 7 个技能，这些技能分为基本技能和 IT 技能。

四、国内信息素养标准

在引入国外信息素养评价标准基础上，国内学者针对中国情况提出了多种关于信息素养的评价标准。陈文勇、杨晓光(2000)从大学生信息素养能力中总结出一些学生必须掌握的核心能力，然后在此基础上制定了《高等院校学生信息素养能力标准》作为大学生毕业时评价信息素养的指南。该标准分为 10 条，基本上参照 ACRL 标准，并无太大差别。孙建军、郑建明等人(2000)认为 ACRL 的评价标准侧重于对信息能力、信息道德的评估，用以评估我国的信息素养教育尚显不足，应补充有关信息意识等方面的评价指标。然后在此基础上制定符合我国实际情况的信息素养教育评价标准，内容包括明确信息需求的内容与范围；高效地存取所需信息；对所获取的信息与信息源评估其价值及效用；将所获取的信息有机地整合到自己的知识体系中；利用信息以完成特定的任务；了解与信息使用相关的经济、政治、法律及社会规范等。刘美桃(2003)在介绍了 ACRL 的信息素养评价标准后指出，我国应结合本国具体实际从 8 个方面来制定信息素质教育的评价标准，具体如下。

(1) 信息意识的强弱，即对信息的敏锐程度；

(2) 信息需求的强烈程度：确定信息需求的时机，明确信息需求的内容与范围；

(3) 所具有的信息源基础知识的程度；

(4) 高效获取所需信息能力的大小；

(5) 评估所需信息的能力；

(6) 有效地利用信息以及存储组织信息的能力；

(7) 具有一定的经济、法律方面的知识，获取与使用信息符合道德与法律规范；

(8) 终身学习的能力。

其中，信息意识和终身学习是比较重要的两个方面。信息意识是信息需求的前提，它支配着用户的信息行为并决定着信息的利用率，而终身学习能力是信息素质教育的最终目标。

杨林、李秉严(2004)在《分层次制定高等教育信息素质评价标准的研究》一文中提出了分层次制定高等教育信息素养评价标准的建议，认为可分为基本型、研究型、专业型、教育型 4 种类型的信息素养，并给出了每一种信息素养的定义和特点。他们认为这 4 种信息素养的外延是层层包含的，并且对信息素养的要求是逐层提高的，即基本型层次的信息素养要求最低，而教育型信息素养要求最高。

信息素养评价标准是从理论研究通往信息素养培养和教育实践的桥梁，它可以为信息素养发展程度进行评估，以及为信息素养教育的目标和实施方法的确定提供可操作的标准和基本依据。因此，要将信息素养纳入我国各级教育的目标与评价体系中，就迫切需要从我国实际情况出发，制定适合我国的信息素养标准。《北京地区高校信息素养能力指标体系》是我国第一个正式的并且比较有权威的信息素养评价标准体系，该指标体系来源于由清华大学图书馆、北京航空航天大学图书馆所承担的北京地区高校信息素养能力示范性框架研究项目，项目得到北京地区多所高校图书馆的支持，项目通过数理分析和专家访谈等方法设计出一套信息素养评价指标体系，该指标体系将高校学生毕业时应具有的信息素养能力科学化、具体化、细化为一个指标集合，它参照了前面介绍过的美国大学和研究图书馆协会(ACRL)、澳大利亚大学图书馆员协会(CAUL)、英国国家图书馆协会(SCONUL)的 3 个信息素养标准，其设计遵循以下 4 个原则：科学性和导向性原则；可行性与可操作性原则；独立性与灵活性原则；超前性与可持续性原则。该指标体系分为 7 个一级指标、19 个二级指标、61 个三级指标，其中一级指标有：

(1) 具备信息素养的学生能够了解信息及信息素养能力在现代社会中的作用、价值与力量；

(2) 具备信息素养的学生能够确定所需信息的性质与范围；

(3) 具备信息素养的学生能够有效地获取所需要的信息；

(4) 具备信息素养的学生能够正确地评价信息及其信息源，并且把选择的信息融入自身的知识体系中，重构新的知识体系；

(5) 具备信息素养的学生能够有效地管理、组织与交流信息；

(6) 具备信息素养的学生作为个人或群体的一员能够有效地利用信息来完成一项具体的任务；

(7) 具备信息素养的学生了解与信息检索、利用相关的法律、伦理和社会经济问题，能够合理、合法地检索和利用信息。作为我国第一个正式的有关信息素养能力评价的指标体系，北京地区高校信息素养能力指标体系为我国高校图书馆信息素养教育指明了目标，同时也成为高校图书馆信息素养评价的依据。

第六节 影响我国大学生素质教育的因素

目前，我国的高校信息素质教育研究取得了一定的进展，但也存在诸多问题。

总的来看，这些问题可以归为两类：第一，没有形成一套比较权威的理论，具体表现为：迄今为止信息素质教育领域的术语、各术语间的关系、信息素质的含义、高校信息素质教育的开展方法等内容尚未形成统一认知，虽有研究，但成果不大；第二，该课题的研究人员大多数是图书馆的工作人员，特定的身份限制了他们的视野，在大学生信息素养培养对策的探索方面往往局限于图书馆。

我国的信息素质教育之所以起步较晚，主要原因在于构成信息素质教育的内在因素与外在因素失衡，导致各主体的信息素养水平失衡。构成信息素养的内在因素很多，包括信息能力、信息知识、信息意识、信息道德等；外部因素包括信息资源配置、信息政策环境、信息能力教育等。下面对这些因素进行具体分析。

一、外部因素分析

（一）信息素质教育的政策环境

信息政策水平决定着一个国家或地区的信息技术创新和普及程度、信息资源和信息化人力资源建设的完善。事实证明，信息政策环境好的国家或地区相应地在信息化发展的各方面都处于优势地位。美国信息素养教育较成功，与其信息能力建设方面的政策支持是分不开的。1990 年，布什政府宣布了新的“国家教育目标”；1992 年成立了国家级的专家小组，研究和探讨信息能力教育对国家教育的影响。结果表明，要实现国家教育目标，必须使学生学会终身学习、批判性思考、运用技术。1994 年，美国将“2000 年目标”的国家教育计划法律化了，在 2000 年的国家目标中强调，使学生具备良好的思考能力，即知道学会如何做有见识的决定，并学会在学校和个人生活中利用信息解决问题，进行批判性思考的信息处理程序；在信息能力方面，所有的美国人都应该是终身学习者，能够使用各种信息资源，精通各种相关技术，能够评价并有效利用信息以满足个人和工作中的需求。在国家政策的大环境下，很多地方性的政策也相应制定出来，并建立了系统的教学计划和课程，并且在资金、人员要求等方面也都有具体的政策。与国外相比，我国缺少国家性的大学生信息能力政策，拥有的只是局部的，不够全面地适合于地域性的标准。因此，要想重视信息能力建设，就应该有国家政策的支持。

（二）信息基础设施建设

不同国家、不同地区之间的主要差距就体现在相应的信息基础设施建设上，它代表着一个国家的信息通信技术和信息经济发展水平，是一个信息时代所具有的物质基础。在众多国家中，美国是最早进行信息基础设施建设的，同时其信息能力建设也相当迅速，主要原因是美国拥有良好的软硬件环境和基础设施，美国的网络教育很普及，而这主要归功于1993年开始实施的信息高速公路计划，其有效地联结了信息资源、信息设备、信息人才等多个信息层次，促进了信息共享。网络使人们可以获得各种各样的公用和专用的信息资源，满足用户的不同需求。中国广播电视网、中国电信网、中国计算机网是我国目前已经建设完成的三大信息网络。而且在进入20世纪90年代后，我国已经开始充分地重视国家信息化和信息基础设施的建设，启动了多个信息化工程，形成了一定的信息设施规模。但是我们要清楚地认识到，与发达国家的信息基础设施相比，我国仍然存在着巨大的差距，因此在信息基础设施建设和信息技术方面，我国还需要付出相当大的努力，在2001年世界30多个国家和地区信息化分类指数排名中，中国的信息基础设施和信息技术普及与应用两个指数分别排在了第26位和第25位，说明我国的信息基础设施建设还任重而道远。

（三）信息资源的缺乏及配置不平衡

信息资源从狭义的角度来看，是对信息本身而言的，包括信息内容、信息核心资源、信息资产、信息储备等。广义上的信息资源是反映信息活动中各种要素的总称，包括信息本身及与信息相关的人员、设备、技术和资金等各种资源。这里只从狭义的角度来分析我国的信息资源现状。目前我国的信息资源极度匮乏，不论是文献信息资源还是网络信息资源，都与英文信息资源存储量差距县远。而对于我国的文献信息资源来说，专利是其主要组成，虽然近些年对专利的申请量已经较以前大幅提升，但是无论在数量和质量上都不能令人满意。尤其是信息、生物等这些高技术领域，主要依靠其他国家的新知识、新技术的研究来促进自身经济发展，不属于核心创新国。就网络信息资源来说，通过相关调查发现，在互联网的语言构成中，中文网页仅仅只占3.9%，大部分属于英文网页。因此，就算我国拥有先进的搜索技术，但是本身中文资源的缺乏就大大缩小了人们对信息的选择范围。同时，我国的数据库还是引进发达国家开发的数据库，这就造成了我国数据库所有权和使用权的约束性，依赖于外国的产品、技术和服务就使得我国处于被动的地位，受制于人。在信息资源的配置上，大部分的网上资源都属于娱乐、生活类信息，而真正的传统概念的信息资源却少之又少，它和我们所期待的旨在提高我们工作效率的信息服务有天壤之别。

(四) 缺乏完善的信息能力教育课程体系

信息能力教育内容与信息能力标准体系的构建是分不开的。全面的大学生信息能力建设还没有提上我国教育工作的议事日程，没有建立统一的信息能力标准体系，其教育内容零散、不系统。我国高校图书馆通过开展用户教育、文献检索教育、计算机基础教育等来实现学生的信息素质教育。教育部曾先后三次发布开设文献检索课程的相关文件，但是并没有得到有效的落实，而是作为一种选修课程进行，课时也不够多，同时讲授文献检索课的教师自身的素质不达标，因此使学生失去了相关兴趣，自然学习效率就不高，出现这种情况多半是因为我国的大部分高校都没有足够地重视对学生信息能力的培养，没有意识到信息能力是现代社会最基本最核心的素质。就算有的高校认识到培养学生信息素质的重要性，但是其认识重点还是有一定的偏差，把对学生的信息技术和计算机知识的传授当成教学重点。基于信息能力对学生未来的影响程度，相关高校应该即刻重视起来，在高校自身缺乏相应的授课教师的情况下，可以将重任交由专门的机构，让他们对其进行专门的研究与推广，以实现对高校学生信息能力的全面培养。

二、内部因素分析

(一) 信息意识分析

信息的基本素质要求就是具有相应的信息意识，其对信息存在反映的强弱程度决定着信息主体的信息行为，信息主体依靠自身的信息意识主动地获取本身所需求的信息，并对其进行鉴别与判断。同时，也正是信息意识的存在才会使主体产生对信息的需求以及合理地使用信息资源。

现如今高校学生的信息普遍来源于课堂和教科书，这样一个封闭式的信息获取途径在一定程度上影响着信息的广度和深度。出现这种现象是由于高校学生缺乏相应的积累与管理意识，没有灵活地运用图书馆、互联网等更宽阔的背景去获取和交流信息，这就在一定程度上反映出学生的信息意识比较淡薄，遇到问题时第一时间出现在脑海中的并不是去图书馆或者网络上查找相关信息。

需要引起我们注意的是，我国已经出现的网络成瘾、网络欺诈、网络黑客都是因为学生的人生观、价值观已经偏离合法的范围，自身的信息传播道德意识不够强烈，缺乏对信息道德和信息政策法规的相应了解，不能正确规范化地处理信息，造成信息污染、信息犯罪等一系列信息问题。因此，为了能更好地推进我国教育信息化进程，需要正确引导学生的信息价值观以及信息权利意识，开展有关的信息安全教育课程，让学生有意识地保护自己的信息权利。另外，鼓励学生对侵犯个人知识产权及个人隐私的网络恶习进行监控与举报，严厉打击网络犯罪行为。

（二）信息技能分析

对目前我国大多数高校的学生来说，其自身具备的信息技能还存在众多的问题，主要体现在：第一，大多数学生只是会简单地运用文字处理和搜索引擎、电子邮件等信息工具，相对来说水平较低。这种低水平的信息技能，使得学生无法主动地获取更多更广的信息资源，只能是被动地索取，同时也就无法准确地对信息进行鉴别、筛选、处理加工等。第二，缺乏传播渠道，不能将信息有效地与他人共享与交流，导致自身的信息还处于陈旧的状态，没有相应的新知识与新思想的融合。第三，对图书馆、网络等专业信息检索工具没有熟练掌握与运用，同时学生搜集专业信息只是为了应付学业任务，态度极其不端正。第四，学生在利用网络进行信息搜集时三心二意，迷恋于网上游戏和网上聊天。这些现象的出现都证明了学生缺乏相关的信息技能，不能通过现代的信息技术完成一定的任务，缺乏一定的信息获取、检索、加工、表达、交流等基本信息技能，影响了自身的就业能力与发展潜力。因此，在高校教学中应该重视这一问题，引导学生在掌握基本的计算机技能外，能熟练地利用信息技术进行信息获取和加工，为与他人良好的交流提供基础。

第三章 大学生创新能力与信息素质教育研究

创新是一个民族进步的灵魂。我国《高等教育法》明确规定：高等教育的任务是培养具有创新精神和创新能力的高级专门人才。社会主义大学“必须贯彻国家的教育方针，为社会主义现代化建设服务，与生产劳动相结合，使受教育者成为德、智、体、美等方面全面发展的社会主义事业的建设者和接班人”。这就是说，目前高等教育的中心任务就是培养大学生的创新能力，衡量一个大学生是否具备重要潜在能力的标准也是创新。培养大学生的创新能力已经成为时代的主流。

第一节 创新能力的概念与内涵

一、创新能力的内涵及马克思主义创新思想

（一）创新能力的概念界定与分析

1950年，美国学者吉尔福特在学术演讲《创造力》中指出，创造力是人人皆有的潜能。就此而言，创新能力亦是人人皆有的潜能。❶

1．创新的内涵

要探究创新能力的内涵，先要分析创新的含义。“创新”一词在日常生活、科技教育、学术科研等多种语境中经常被使用到。“创新”是根据 Innovation 翻译过来的。Innovation 来自拉丁语 innovare，是由前缀 in(内)+词根 novare(更新)构成的，意为内部的变化、更新，既有革新、创新之意，也指新观念、新方法、新发

---

❶根据美国学者吉尔福特的理论研究，与人的创造力密切相关的是发散性思维能力与其转换的因素。他指出：“凡是有发散性加工或转化的地方，都表明发生了创造性思维。”

明。“创新”作为一个概念、一种理论，最早是在经济学领域中提出的。1912年，美国著名经济学家约瑟夫·熊彼特创立了创新理论，他的著作《经济发展理论》一书，在经济增长理论中把创新放在中心地位。不过随着时间的推移，创新概念早已不再局限于经济学范畴，其内涵也得到了不断的变化与发展。

通常来说，所谓创新就是指从无到有、从旧到新的飞跃，最终形成新的认识、新知识和新观念、新范式，产生新的方式、新事物。创新未必就一定是从无到有，完全产生全新的东西。创新在更大程度上应该是指一种开放的超越精神。在这样的意义上，创新的首要含义就是“求异”“质疑”的批判精神，就意味着要求异、质疑，求异、质疑是通向创新的入口。创新就是要打破习惯、惯性的束缚和限制，使人们能够摆脱固有问题领域、解释方式、概念框架与行为模式，能够开启自我的创新活动。这样的创新具有如下的一些特点。

首先，创新意味着否定性与超越性。创新、创造就意味着否定和超越既有的知识、观念、规定，就是对一切现有成果进行批判质疑的过程，从提出问题的方式、概念框架的重组以及解释原则的构建都需要超越。

其次，创新是独立性、独创性的。创新既然是求异、质疑和超越，那么创新必然是独立地提出问题、分析问题，不依傍前人、他人，不盲从，不从众，拥有“自我”。

再次，创新具有敏锐性、主动性。创新不会堕于惯性、定式，是超常规的活动。这一超常规的活动极其敏锐，能够在人们熟知之处主动发现问题，能够在踌躇纠结之际有所领悟，做出超常规的判断。此外，不为界限和框架所束缚的创新需要敏锐的观察能力、精准的判断能力。

对创新内涵的分析与理解，一方面能够使我们超越在一般日常生活用语的层面泛泛使用的创新，对创新做出学理的阐释，从内涵上对创新做概念式的理解；另一方面，对创新的正确认识，是科学认识创新能力、大学生创新能力培养问题的前提。

2. 创新能力的内涵

(1) 创新能力的含义。创新能力又叫创新才能，是指在前人发现或发明的基础上，创新主体以已知信息或知识为基础，对客观事物或现象进行重新组合，产生出新颖独特、有社会价值和个人价值的产品的能力。这里的产品是指以某种形式存在的思维成果，它既可以是一种新概念、新设想、新理论，也可以是一项新技术、新工艺或一个新产品。

创新能力人皆有之。一定水平的智力是创新能力发展的必要条件，但是智力的发展绝对代替不了创新能力的发展。一般来说，除了少数智力平庸者外，对所有正常人而言，不论性别、年龄、民族、出身、地位、学历、职务等因素有何不同，每个人都具有一定的创新能力。普通人的大脑结构与功能大致相同，虽有差异，但不是数量级的差异。心理学家研究证明：智商高，创新能力不一定高；而智商低，创新能力不一定低。这种事例在现实生产、生活中屡见不鲜，比如，一些工人技师的发明、革新项目的水平超过了高级工程师。所以，创新能力绝非少数“天才”所独有的能力。但是，在现实生活中为什么却是普通人多，而人才少，没有成果的人多，而有所建树的人少呢?这是因为创新能力是人的一种潜力，只有加以开发，才能得到有效利用。否则，普通人永远是普通人，不可能成为造福于人类的天才。

(2) 创新能力的构成。创新能力是人类的一种高级能力，影响和制约着创新实践活动的进行。一般来说，创新能力是人人都具有的一种自然属性，它是由先天素质、后天环境和心理素质决定的。环境相同，先天素质不同，创新能力不同；先天素质相同或差不多，后天环境不同，也会使人们的创新能力发生很大变化；先天素质相同或差不多，环境也相同，创新能力强弱则取决于个人的心理素质。创新能力是一种复合性的能力，是人们在创新活动中表现出来的各种能力的总和，一般包括以下几个方面。

第一，洞察能力。所谓洞察能力，就是人们透过事物的表面现象观察事物本质的能力。可以说，洞察能力是每个人都有的认知能力。每个人都有两套“认知-行为”系统，一套可以称之为“反应”系统，另一套可以称之为“洞察”系统。在“反应”系统中，我们对事物的认知，主要来自以往的经验，超出我们经验的东西，我们都会无法“反应”，我们要么抵触，要么惊慌失措。从某种角度来看，在“反应”系统中，我们看到的世界就是头脑中“经验”的世界，而非全部真实的世界。在“洞察”系统中，人们对事物的认知，可以摆脱已有经验的束缚，直接发现事物内在的本质，并用这种发现去指导人的行为。所以从某种角度来看，在“洞察”系统中，人们看到的世界是本质的世界，是真实的世界。

洞察能力对创造、创新非常重要，靠敏锐的洞察能力可以马上找到问题的关键所在和解决问题的办法，而问题是开启创新之门的钥匙。爱因斯坦据其经验指出“问题强于知识”。

第二，记忆能力。记忆能力就是人们记住经历过的事物的能力。记忆能力是一切智慧的根源，对创新活动具有相当重要的意义。任何创新活动如果没有记忆的帮助都是不可能实现的，因为任何一种创新活动都必须以所记得的经历过的事物为基础。一个人的记忆能力主要表现在记忆的快速性、稳定性、准确性和储存性上。

第三，想象能力。人们在现实活动中，不仅能感知当时作用于自己感觉器官的事物，能回忆起曾经经历过的事物，而且还能够在自己已有知识和经验的基础上，在脑海中构建自己从未经历过的事物的新形象。这种在脑海中创造新事物的形象，或者根据口头语言和书面文字(图样、符号等)的描述创造相应事物形象的认识活动，就叫想象。实践证明，只有想象能力丰富和具有创新思维的人，才有可能出成果。

想象能力是创新能力的重要因素之一，是人类区别于其他动物的特殊天赋和才能。想象能力影响着，甚至决定着创新能力的方向和水平。想象能力越强，则创新能力、创造能力越强。如果说创造能力是发动机，那么，想象能力则是这台发动机中的汽缸体，因此，想象能力是创新能力、创造能力的核心。没有想象能力，就没有创新能力，就没有人类光辉灿烂的文化演进和文明成果。从人类自身发展进化的过程看，想象能力是促进人类成长发展的一种极其重要的推动力。唯有想象能力才能够让人们超越已知，走向未知。

知识和经验的积累越丰富，就越有利于人们发挥想象能力。因此说，丰富的知识和经验将使想象能力成为源头活水。但是，如果人们不善于对现有的丰富知识和经验进行加工和重新组合，以产生新的知识和经验，那么现有的丰富知识和经验将难以发挥应有的效用，人们难免会成为“移动的书橱”。爱因斯坦曾经说：“想象力比知识更重要，因为知识是有限的，而想象力能概括世界的一切，推动进步，并且是知识进化的源泉。”亚里士多德也精辟地指出：想象力是发现、发明等一切创造活动的源泉。

第四，分析能力。分析能力就是人们通过思维把一件事情、一种现象、一个概念分成较简单的组成部分，找出这些部分的本质属性和彼此之间的关系单独进行剖析、分辨、观察和研究的能力。只有通过对事物各个方面的不同特征进行认真、系统的比较、分析和研究，人们才可能认识那些没有直接作用于人体感觉器官的种种事物、事物的属性及事物之间本质的联系，从而才有可能改造事物或利用事物。

分析能力虽然是先天的，但在很大程度上取决于后天的训练。我们在日常的学习和生活中，经常会遇到一些事情和难题，分析能力较差的人往往思来想去不得其解，以至束手无策，而分析能力较强的人能保持头脑清醒，冷静分析，往往能找到解决问题的办法，自如地应对一切困难。一般情况下，一个看似复杂的问题经过理性思维的梳理后，会变得简单化、规律化，从而轻松地、顺畅地被解答出来，这就是分析能力的魅力。

第五，实施能力。实施能力就是人们完成有价值的创新设想的能力。实施能力对创新活动而言非常重要。有价值的创新从设想到完成，绝不是一蹴而就、轻而易举的事情，靠一时的热情或运气是无法实现的，有时它需要几年、几十年甚至一生坚持不懈地努力才能完成。在创新设想的实施过程中，除了会遇到许多需要学习、探索、研究的问题外，有时还会遇到非常严酷的环境，诸如社会世俗的偏见、经济的困难、身体健康状况不良等，这都需要我们保持对创新的浓厚兴趣，具有永不言败的态度、坚定的意志和百折不挠的努力。否则，再有前途的创新设想也随时有可能夭折。

3．大学生创新能力的分析

学生在大学期间所受的教育对其终生的身心发展起着至关重要的作用，但大学阶段也是学生正在累积学识、完善人格的时期。因此，大学阶段正是创新能力培养的重要阶段。那么，对于大学生而言，在学习中表现出的探索精神就是其创新能力，包括存疑的态度、求异的思维，提出新问题、解决新问题的兴趣和能力，以及对已知知识的创造性转化，等等。具体而言，大学生的创新能力主要是指学生能够将所拥有的知识、技能转化为素养、智慧的能力，是一种“转识成智”的能力。这种创新能力，具有自主性、超越性和转化性等特质。

在高校开展创新能力的教育与培养，其具体内容就是要尊重生命的潜能和创新的规律，激活探究的兴趣和创新的精神，培育创造的意识和自由的个性，构建创新的氛围和环境。也就是说，大学生创新能力的培养，并不是直接以产生新思想、发现和创造新事物为培养目标，而是注重对从事创新应具备的知识结构、优良品格、创新意识与思维能力等方面培养入手，提高其创新能力。具体来说，它涵盖如下内容。

第一，尊重生命的潜能和创新的规律。每个人都具有创造性潜能，创新面前人人平等。教育就要挖掘、尊重、激发、守护学生本身所具有的潜在的创造力、天性。同时，创新本身有其逻辑，不能不尊重创新的逻辑。特别是在教育教学活动过程中，就不能再简单地沿袭套用知识教育的评价方式，而必须代之以多元激励评价，突出差异性评价和综合性评价，充分发掘每一个学生的潜力，提高他们学习的积极性。同时，教育也不能一味坚持“灌输”的教学方法，而应发展一种“对话”教育方法。

第二，激活探究的兴趣和创新的精神。众所周知，兴趣是最好的老师，要想激发学生创新的意识，首先要培养学生探究的兴趣。从思想观念上说，那就要扬弃以往中心与边缘、人文科学和自然科学的对立。在课程设置上，就是要敢于打破专业学科的界限，打破中心内容、核心思想的束缚，在跨学科、开放性和多元化的教学情境中生发创新的精神。

第三，培育创造的意识和自由的个性。大学生创新能力的培养，主要针对的是其从事创新活动应具备的基本素质与知识基础，旨在使学生获得可持续发展的生命动力。所以，创新能力的培养在根本上是人性自身的生成和发展。就此而言，创新思维的培养是大学生自我发展的内在要求，也是自由个性生成的过程。教育不是工厂流水线，所生产的不是千篇一律的产品。培养大学生的创新能力，也不是仅仅培养大学生的创造知识、创新技能，还蕴含着培养大学生的自由个性。自由个性，是人生命的超越维度。试想，如果没有这样一重维度，大学生不可能拥有敏锐的思维、灵动的直觉。

第四，构建创新的氛围和环境。如果创新仅仅停留在口头上、纸面上，而在环境、氛围上无所作为，难免会扼杀人们创新的积极性和兴趣。创新能力的培养，还有赖于全社会形成鼓励创新、支持创新的氛围和环境。马克思说："人们自己创造自己的历史，但是他们并不是随心所欲地创造，并不是在他们自己所选定的条件下创造，而是在直接碰到的、既定的、从过去继承下来的条件下创造。"创新能力的培养，也不能离开其所在的环境和条件，而且正是在这一环境和条件下孕育。良好的环境和条件是培养学生创新能力的重要保障。

（二）马克思主义的创新思想

1．马克思主义经典作家的创新思想

马克思和恩格斯尽管没有系统地分析和阐述创新理论及其方法，但这并不影响我们对其"创新"相关思想的探讨。经济学家熊彼特明确指出，自己的创新理论源于马克思的创新思想，他认为"我的结构只包括他的研究领域的一小部分"。

马克思主义理论是以"改变世界"为核心的。改变世界的观点，突出体现了马克思和恩格斯思想中，所注重的创造的实践性与实践的创造性。这种创新实践，在马克思和恩格斯看来首先是人与动物活动的根本区别之所在。马克思认为"人是自由自觉的类存在"，即人能够通过积极的、创造性的劳动活动，创造对象世界，这是人的本质。同时，这种创新，在马克思和恩格斯看来是人生存和发展的需要，也是社会变革的根本。只有不断地创新，才能使人生存与发展，在人类社会生活的方方面面，包括经济活动、生产方式、交往方式都要不断地、全面地创新，从而带来社会的不断发展与变革。

马克思和恩格斯的创新思想更多地体现在他们的辩证法上，可以说其辩证法本质上就是自我创新、自我创造，这种本质特点就在于它的实践性、辩证性与批判性。马克思的辩证法，祛除了黑格尔观念创造的抽象性，激活了主体创造的现实性，是能够真正洞见创新本质的哲学智慧。

马克思的辩证法思想具有革命性、批判性，与黑格尔的概念辩证法不同，是立足于人自身的生存与发展。人的生存与实践既不是神创，也不是抽象的概念创造，而是感性的生命活动——实践。马克思的辩证法是建立在实践基础上的，实践是马克思辩证法创新特征的内在根据。创新思想根源于人的创造性活动。实践，在人的思维活动中具有某种基源性意义。"对社会意义的人来说，整个所谓的世界

历史不外是人通过人的劳动而诞生的过程，是自然界对人来说的生成过程，所以关于他通过自身而诞生、关于他的形成过程，他有直观的、不可辩驳的证明。”人作为对象性的存在，其创造性既体现了对象世界的限定性本质，也体现了存在主体的创造性本质。“通过实践创造对象世界，改造无机界，人证明自己是有意识的类存在物，即这样一种存在物：它把类看作自己的本质，或者说把自身看作类存在物。”就此而言，人的思维活动是一种自由自觉的活动。其自由自觉性的获得，与人类本质的获得具有内在一致性。

其实，马克思和恩格斯所进行的理论创新的过程本身就蕴含着创新思想。重视思维方式与方法论创新是马克思主义世界观的基本品格。马克思虽没有创新思想的专著，但渗透在他的论著中的创新精神与方法充分体现了理论与实践相结合、批判与建构相衔接、历史与逻辑相统一、抽象与具体相配合的创新思想。

2. 中国化马克思主义的创新思想

中国共产党在领导中国革命、建设、改革等实践中，历代中央领导集体都善于把马克思主义基本原理与中国具体实际相结合，对中国革命、建设和改革做出与时俱进的思考和谋划，从而创立了新的理论，开辟了新的道路，形成了新的制度。就此而言，中国化马克思主义是包含毛泽东思想和中国特色社会主义理论体系在内，富有创新思想的理论形态。

中国马克思主义者的创新思维是从解放思想开始的。中国马克思主义的形成和发展，始终伴随着对教条主义、本本主义的批判和超越，不断突破陈规。创新，就需要解放思想，独立思考。有创新思维才有创新实践。我们党正是通过坚持解放思想，独立思考，从自己的实际出发，才开拓了马克思主义的新境界。

创新内在于中国马克思主义的发展过程。改革开放以后，人们更加重视和强调创新。“创新是一个民族进步的灵魂。”1985 年，中央颁布《关于教育体制改革的决定》，首次把“勇于创造”纳入党的教育方针，提出要培养“有理想、有道德、有文化、有纪律，热爱社会主义祖国和社会主义事业，具有为国家富强和人民富裕而奋斗的献身精神，应不断探索新知，具有实事求是、勇于创造的科学精神的新型人才。”1999 年，中共中央、国务院颁布《关于深化教育改革全面推进素质教育的决定》，提出全面推进素质教育，把“培养学生的创新精神和实践能力”视为素质教育的核心。2007 年，党的十七大提出“建设创新型国家”的目标，“提高自主创新能力，建设创新型国家”成为国家发展战略的核心和提高综合国力的关键。

3. 党的十九以来中国化马克思主义的创新思想

党的十九大最重要的成果，就是郑重提出了习近平新时代中国特色社会主义思想，并将其确立为党的指导思想。党的十九大报告中，对马克思主义的重大理论创新，其中包括：做出中国特色社会主义进入新时代的重大论断；做出了我国社会主要矛盾已经转化的重大论断；提出了统领“伟大斗争、伟大工程、伟大事业、伟大梦想”历史使命理论；创新和发展了中国特色社会主义战略目标理论 ；提出了关系我国经济发展全局的重大判断和论断；提出构建人类命运共同体的思想；提出了新时代党的建设的新布局、新观点、新要求；最为重要的是，提出和阐述了习近平新时代中国特色社会主义思想，把马克思主义理论发展推进到一个崭新阶段 。这表明，马克思主义在中国发展进入一个崭新的阶段，为人民谋幸福，为民族谋复兴，党的指导思想实现了又一次与时俱进。

习近平总书记在党的十九大上的报告，是习近平新时代中国特色社会主义思想的集大成之作，通篇闪耀着马克思主义理论光芒，对当代中国马克思主义和21世纪马克思主义做出了开创性的历史性贡献。

二、大学生创新能力培养的现实意义

高等院校作为人类社会知识传递和生产的重要场所，理应成为社会开展创造教育、创新教育的典范。就大学生创新能力的培养而言，高校义不容辞。

1．推进创新型国家建设的需要

习近平总书记在2014年中科院院士大会上发表重要讲话，强调“坚定不移创新创新再创新，加快创新型国家建设步伐”。要实现“中国梦”，要实现中华民族的伟大复兴，首先要有强大的综合国力，经济和科技是综合国力的关键要素，而其核心是科技的进步，而科技的进步需要以人才为载体。创新型国家以创新驱动发展为重大的核心战略，而创新型国家的建设依靠创新型人才，只有具备一大批创新型人才方能实现国家的科技创新事业，方能将我们国家推向世界一流之列。

改革开放以来，我国在科技创新方面确实取得了一定的进展，但是长久以来相对西方发达国家，我们的落后局面并没有完全被打破。归根结底，其原因仍在于长期以来的科技基础薄弱，创新能力不足，创新人才缺乏。人才是科技的载体，人才是民族国家的未来，谁能掌握大量优秀的创新型人才，谁就能在日益激烈的国际竞争中拔得头筹。康有为曾经描述过他理想的国家状态：“创新理者为圣哲，创新术者为慧巧，创新益者为明智”，整个国家“创新之是图，无他志焉，无他思焉”。

我们中华民族骨子里就有创新的梦想和传统，在新时代环境下，新的国际形势中，高校更应该注重对学生创新能力的培养，为我国的创新型国家建设提供规模宏大、结构合理、素质优良的创新型人才。

2．促进社会进步与发展的需要

当今时代是信息的时代，是科技的时代，是知识经济的时代，创新型人才已经成为这个时代社会进步与发展的最重要资源。联合国教科文组织在 1972 年发表的关于教育问题的报告《学会生存》中，将“培养创造性”列为最为重要的教育目标之一。此后，创造、创新越来越引起人们的关注和重视。因为创新是社会发展的必然要求。

具体而言，创新能够带来科技的进步。科学是对客观世界规律的认识和把握，技术是对客观世界进行改造的方式和手段。科学的进步是不断更新对世界的认识，技术的进步是不断更新改造世界的方式，二者进步的根本都是通过不断的创新，形成新的认识，创造新的方法，也就是说创新是科技进步和发展的根本要素，同时，创新的科技成果不断地转化为新的生产力，从而促进经济发展和社会进步。同时，创新能够更新人的生活方式。社会是人的社会，全部社会生活的内容实际是人们实践活动的总和。而按照马克思主义的观点，人们的思维方式决定他们的生活方式、行为方式。如果没有创新，人们的思想和行为教条、固化，那么整个社会也是死气沉沉、原地踏步的。只有通过更新观念，创新生活方式，才能使全社会不断向前发展、欣欣向荣。

3．实现大学生全面发展的需要

对大学生创新能力的培养不仅关涉着社会的发展、国家的崛起，更是与大学生自身的全面发展息息相关。按照马克思主义的基本观点，人的自由而全面的发展是马克思主义所追求的最高的、终极的理想与价值追求，而人的全面发展正是要通过全面发展的教育来实现。同样，目前高等教育的现状，也使得我们必须关注大学生的创新能力培养问题。犹记得十多年前，我国著名科学家钱学森先生感慨：为什么我们的学校总是培养不出杰出人才？杰出人才，就是创造性的人才，就是具有创新能力的人才。钱学森先生其实就是在追问为什么我们的学校总是培养不出具有创新能力的人才。因为长期以来，高等教育以知识教育为主，在教育活动中智育仍然占主位。近年来，随着国家大力提倡以人为本的素质教育，如何实现学生的全面发展问题越来越得到重视。尤其是在 2017 年，继“985 工程”“211 工程”后，中国高等教育领域全面启动“世界一流大学和一流学科建设”重点建设工程。“双一流”建设将坚持以服务经济社会发展需求为根本导向，加快优化教育结构，其中一项重要任务是“培养拔尖创新人才”。对于正处于教育改革过程的高校而言，系统的开展创新型教育，加大学生的创新能力培养是实现学生全面发展的重要方式。大学生提高创新能力，能够更好地提高自身的学习能力、实践能力，养成大胆探索、勇于创新的良好品质，从而为适应新时代的需求打下良好的基础。

第二节　我国大学生信息素质教育进展状况分析

一、信息素养教育进展

20 世纪 90 年代以后，美国大学信息素养教育在教学内容和教学方法上都有了深入研究，而且在全美大学校园里面得到实施，逐渐成为美国大学生素质教育的有机组成部分。1990 年，美国国家信息素养论坛成立。该论坛对信息素养的定义为：信息素养是能够知道什么时候需要信息，能够鉴别、获取、评价和有效利用信息以解决问题的能力。

在英国，信息素养教育具有悠久的历史。1981 年在牛津召开了第二次国际会议，研讨了各级各类图书馆的用户教育，将图书馆用户教育的发展推向了新的高度。英国在初等教育阶段就开设了信息教育课，并于 1998 年将其列为高中教育阶段的必修课。2002 年，英国联合信息系统委员会在曼彻斯特城市大学图书馆和利兹大学图书馆的协助下开展了“THE BIG BlUE”研究项目，为英国的高等教育和 16 岁以上社会成员的信息素养教育提出了 14 条建议。英国联合信息系统委员会还建立了自己的信息素养教育模式。

日本的信息素养教育工作具有长期稳定性和连续性的特点。自 1993 年起，日本中学的课程开始出现信息素养教育的内容。日本教育界有一个共识：信息素养教育不是只有少数特定学生才需要，而是所有学生都需要的。这种共识也正在逐渐增强，信息素养教育被合理地增设进学校课程中去，目前日本从小学到高中都在开设信息技术相关课程。

1990 年后，越来越多的国家(如加拿大、澳大利亚、新西兰等)和国际性组织开始研究并开展信息素养教育。2000 年以来，有更多的国家如德国、新加坡、南非、南美、西班牙、瑞典、墨西哥等加入了这一行列。

中国的信息素养教育脱胎于文献检索与利用课程，信息素养教育也是从文献信息检索教育发展而来的。1992 年 5 月，国家教委印发了《文献检索课教学基本要求》，对文献检索课的课程性质、教学目的要求、课程组织计划、教学检查评估有了更细致而全面的规定，成为各文献检索课教学单位制订教材和评估教学效果的参考标准。1999年6月，中共中央、国务院发布了《关于深化教育改革全面推进素质教育的决定》。该决定指出，为了适应现代社会终身教育的必然要求，现代高等教育的一个重要目标就是要培养大学生的信息素养。

我国香港和台湾地区非常重视信息素养教育。香港中文大学的信息素养认证考试由五项内容组成：面向图书馆的教育、数据库搜索方法和技巧、与专业(例如经济、教育、工程、物理等)有关的特定主题的电子资源、网络免费电子信息资源的获取、有关香港或其他有重大影响的事件。台湾新竹教育大学实施的信息素养教育课程内容分为三个阶段：第一阶段为基本信息素养能力的培养，要求学生至少修满6学分；第二阶段为信息科技融入学习领域，要求学生至少修满2学分；第三阶段为项目设计与创作，要求学生至少修满2学分。此外，学生还得在任何阶段自己选修6学分，须修满16学分才可以取得信息素养教育课程的认证。

文献检索课程或信息检索课程具有中国特色，是不可多得的中国高校开展信息素养教育的一个重要基地。进入21世纪后，信息素养教育逐渐替代文献信息检索进入研讨和教学视野，从而奠定了今天信息素养教育繁荣的基础。

二、信息能力的培养

(一) 信息获取能力的培养

当今世界发展迅速，每天海量的信息让我们应接不暇，而被淹没其中的有用信息便如同流星，稍纵即逝。拥有信息获取能力是信息分析、信息处理和信息利用的基础和前提，离开了信息的搜集与获取，那么信息分析就是无源之水、无本之木，更谈不上信息利用。因此，培养大学生的信息获取能力尤为重要。

1. 明确信息需求的内容、性质和程度

首先要分析信息的需求。当检索课题比较生疏时，首先应当利用百科全书、图书、综述性论文等，掌握与课题有关的基本知识、名词术语及需要检索的文献范围(包括文献类型、所属学科、时间年代、语言种类等)。其次要了解课题的相关专业知识，前人做到了何种程度，取得了哪些成果，弄清楚课题的内容、要解决的问题及解决该问题的初步设想等，进而确定检索的主题范围。最后要弄清楚对查新、查准和查全的目标要求，如果要了解课题前沿，则强调查新；如果要解决研究中的具体问题，则强调查准；如果要做技术鉴定或文献综述，

则强调查全。

2．了解各种信息资源类型

信息资源是经过人类采集、开发并组织的各种媒体的有机集合，既要了解期刊、专利文献、标准文献、学位论文、会议文献、图书、科技报告、产品资料、技术档案和政府出版物十大信息资源，也要了解一次文献、二次文献、三次文献和零次文献之间的关系，这样我们获取信息才能变得有章可循。

3．熟悉数据库检索方法

首先要选全和选准检索词。选择检索词时，应注意课题中隐性的主题词、同义词、近义词、上位词、下位词、异称词、简称与全称等；检索外文文献时，检索词的翻译要准确。少用或不用对课题检索意义不大的词语，如展望、趋势、现状、动态、应用、利用、用途、研究、影响、效率等。其次要拟订正确且全面的检索表达式。拟订检索表达式时，主要考虑查全率和查准率两个方面。最后根据检索结果调整检索策略，尽量使查全率和查准率都满意为止。

4．掌握各种检索技术

数据库检索包含一些检索技术，如布尔逻辑检索技术(扩大或缩小检索范围)、截词检索技术(提高检索效率和查全率)、位置检索技术(提高检索精度)、限定字段检索技术(提供字段精准检索)，等等。我们应该掌握这些检索技术的基本检索原理和使用方法。

(二) 信息选择能力的培养

1．信息先进性鉴别

信息的先进性主要指信息内容的新颖性。鉴别信息的先进性包括以下几条途径。

(1) 观察信息包括的内容是否为新概念、新理论、新原理、新假设、新的应用领域、新的技术与方法。

(2) 看技术产品是否在原有的基础上提高了参数水平、扩大了应用范围，以及材料或设备是否改变了成分或结构等。

(3) 看经济效果如何。通常可从质量、产量、成本、劳动生产率、利税等技术经济指标来衡量一项技术的经济效果好坏，经济效果好的技术一般较为先进。

(4) 把各个国家或地区的同类信息进行横向对比，从比较中发现信息的先进性。

2. 信息真实性鉴别

信息的真实性指的是信息是否真实、准确。在网络时代，任何人都能在短时间内创建一个网站、博客或播客，把一些不实的信息当作事实发布出来，他们发布信息的隐藏目的是要向你兜售商品或者改变你对某件事情的看法。因此在进行学术研究时，需要考察这类信息的真实性，信息来源不能完全依赖于百度、谷歌等搜索引擎。鉴别信息是否真实要坚持五个标准：一是时间、地点、人物、事件、因果等基本构成要素必须准确；二是信息中引用的各种数据资料不得有误；三是信息中反映的事情应当实事求是，不扩大、不缩小、不渲染；四是信息中反映的观点应当从事实材料中产生；五是信息中的表述不能悖于常理。

3. 信息权威性鉴别

信息的权威性指的是信息接收者对信息的信服程度的量度。它有两重含义：一是信息发送者在信息接收者中所具有的威望，二是信息发送者对信息接收者所拥有的权利。判断信息权威性的高低，可从信息的外部特征和信息的内容两方面入手。

(1) 从信息的外部特征判断。根据信息的责任者判断：一般情况下，团体责任者，如政府部门、科研机构、高等院校、学术组织等发表的信息或发布的信息，以及著名科学家和著名学者发表的信息，其权威性最强；团体责任者发表或发布的信息要比个人作者发表或发布的信息更具权威性。

根据信息的类型判断：总体来讲，互联网上的新闻和消息的权威性比信息的权威性要差得多，教科书、专著、年鉴、百科全书、技术标准、专利信息和核心期刊的内容最为真实可靠，综述性信息的结构严谨、论述全面、质量较高，产品广告信息的权威性最差。

根据出版单位判断：国家政府部门、国内外著名出版社、著名学术团体与组织、知名高等院校和科研机构出版的信息，一般质量较高、可信度大、权威性较高。

根据文献被引用的情况判断：文献被引用是指文献被文摘型刊物摘引或被其他文献作为参考文献引用。被摘引次数和被引用次数较高的文献，其内容较可靠，权威性较高。

(2) 从信息的内容判断。从信息的内容判断其权威性，首先要看信息报道的结果是否真实。真实的信息具有明确的前提，有精确的实验数据为依据，叙述与实验数据一致。其次要看信息对内容的阐述是否清楚、深刻、完整，是否具有深度和广度。对内容的详情细节作了具体的阐述即为深刻，对内容进行了全面的叙述即为完整。再次要看信息的论点、论据和结论是否一致，是否有充分的理论与实践为依据，其逻辑推理是否严谨、正确。对于技术信息，还要看它的技术内容是否详细、具体，该技术是处于试验探索阶段还是生产应用阶段。一般来说，立论科学、论据充分、数据精确、阐述完整、技术成熟的信息，可靠性较大，参考价值也较大。

信息权威性评价可归结为“十看”：看作者、看出版机构、看信息类型、看来源、看被引用率、看引文、看程度、看密级、看内容、看实践。

4．信息适用性鉴别

信息适用性是指信息对用户适用的程度。信息的适用性受多种因素的影响，这些因素包括用户需求、地域环境、科技发展水平、经济能力、科研条件等。具体可以从信息内容和信息适用范围这两方面进行考察。

从信息内容考察，看信息内容是否符合国情，是否适合用户的需要，是适合近期的需要还是远期的需要等。凡能适合研究需要的资料，就具有适用性，就是有参考价值的信息。

从信息适用范围考察，看信息是只适用于某一方面，还是适用于多个方面；是适用于特定条件的局部，还是适用于特定条件的整体；是适用于少数有关人员，还是适用于较多人员；是适用于一般水平，还是适用于高水平；是适用于科技发展较先进的地区，还是适用于科技发展比较落后的地区。

一般认为，在科学技术发展水平上处于同一高度、同一发展阶段的国家和地区，其智力资源、教育水平、人员素质及经济条件也大体相同，往往可以互相参考或使用彼此的技术和成果。地域环境或科研条件相近者，其科学技术或科研成果也可以相互借鉴。

5．信息时效性鉴别

信息的时效性在一定程度上决定着信息的价值。多数信息都只在一定的时间内才有效用，过了期限，信息就会贬值，甚至完全失去价值。时效性与急缓程度密切相关，在鉴别时效性的时候，要有强烈的时间观念，舍弃已过时的信息，对事关重大、时间要求急的突发事件信息，要做紧急处理，急事急办；对一般性的、时间要求不急的信息，则按正常程序抓紧处理。

6．信息完整性鉴别

信息的完整性是指信息在输入和传输的过程中，不被非法授权修改和破坏，保证数据的一致性。在网络时代，信息的完整性较难保证，因为信息可能在网络传输过程中被截获、篡改后再转发出去，造成信息的完整性受损。

信息完整性涉及源数据的完整性、数据传输的完整性、数据/信息处理的完整性、信息使用的完整性，乃至整个信息系统的完整性等多个方面的内容。要想保证信息完整性，需要防止数据的丢失、数据的重复及保证数据传送秩序的一致。

（三）信息交流能力的培养

萧伯纳曾经对信息交流的含义说过这样一段话：“假如你有一个苹果，我有一个苹果，彼此交换后，我们还是每人一个苹果。但是，如果你有一种思想，我有一种思想，彼此交换以后，我们每个人就会有两种思想。甚至，两种思想发生碰撞后还可以产生两种以上的其他思想。”交流是提高创新能力的重要途径。在交流过程中，常常能产生新的思维，迸发出新的思想火花。因此，要营造一种和谐向上的学术氛围，引导大学生积极参与对热点问题的讨论，加强其与周围学者及教师的思想交流。可以从以下三个方面进行信息交流能力的培养。

1．多开展学术研讨活动

一方面，教师可以组织一些小型的专题研讨会或报告会，可以是一个人围绕某个问题做中心发言，也可以就某篇论文或著作进行评价分析，还可以就某个热点问题发表自己的观点，不必拘泥于形式和规模。这种非正规的学术活动可以营造一个开放交流的培养环境，能锻炼和提高同学们的思辨能力、组织能力和表达能力。另一方面，大学生自己每学期定期开展数次学术研讨，每次学术研讨由同一专业的学生共同组织，并邀请相关导师参加，导师在探讨中帮助学生分析问题和解决问题。在学术研讨过程中，大学生之间得以相互交流学术思想和相互学习科研方法。

2．积极参加学术报告活动

学术报告活动是研究人员学习和交流学术思想的好形式。参加各种各样的学术活动，对大学生扩充自己的知识面、了解相关研究的发展动态、学习和借鉴他人的研究经验大有裨益。参加学术报告活动时，要注意两个事项：一是听学术报告的过程中，应积极启动自己的思维，绝不能只是被动地听，要注意学习报告人的思维方式、报告策略、演讲风格，还要就自己感兴趣的问题积极参与提问和讨论；二是要积极地做学术报告，在导师的带领下参加高水平学术会议，积极准备学术会议演讲稿，充分利用组会上课题的讨论与交流，与该领域权威学者和学术同行进行沟通和学习，尤其是研究生，要锻炼现场口头演讲报告能力和回答专业问题的能力。

3．开设学术信息交流平台

学校管理部门利用现代网络技术，开设网上学术信息交流平台，具体要做到两方面内容：一方面，大学生能尽快了解到有哪些论文答辩、学术研讨和学术报告等信息，做到有选择地及时参加相关活动；另一方面，大学生可以建立自己的学术信息交流论坛，此论坛有利于活跃思维、提升观点。另外，学校还可以通过组织小型读书报告会，来增强学术研究氛围。

第三节　创新教育与信息素质的相关探索

一、创新教育与信息素养

（一）创新诠释

1．创新的成果

创新的成果，依据其创新类型、创新力度、创新难度、创新深度和创新广度等不同因素，大致可分为发现、发明和发展三大类。

(1) 发现。发现就是认知客观上存在的事物的过程或结果。科学研究中的发现，是指人们对客观存在的自然现象、自然规律和自然产物，经过创造性地探索揭示出其本来面目的过程。一般来说，这种创新成果无论是来自社会科学还是自然科学，对人类社会所产生的影响都很深远，甚至会改变人们的世界观。例如，约瑟夫·约翰·汤姆逊发现了电子，打破了原子是自然界中最小的微粒、原子是“宇宙之砖”的理论，开辟了原子物理学的全新研究领域。

(2) 发明。发明是指提出或完成一个新事物的过程或结果。科学中的发明是指人们依据各种科学技术原理，开发创造出前所未有的新事物或新方法的一种技术性创造活动。发明的主体一般是人，而对象是物。在人类发展的历史长河中，正是有了形形色色的发明，人们的生活方式才得以改观，生活质量不断提高。我国古代的四大发明对人类做出了巨大的贡献，时至今日仍难以磨灭。时钟、蒸汽机、电话、飞机、电影、计算机等发明，使人们的生活更加便捷，更加多姿多彩。

(3) 发展。发展是指对原有的事物进行改造、改善、改进或改革，使其更加完整、完备、完善、规范或先进。例如，一个企业的市场营销策略的创新，可以使企业的经济效益大大提高；从蒸汽机车、内燃机车、电力机车到今天的动车，这一发展成就是我国铁路与时俱进、不断自主创新的结果。当前，我国正处于大调整、大变革、大发展的关键时期，各种重大理论和各项方针政策的贯彻落实都加速推动了社会的进步和发展。例如，“科学发展观”“全面提高自主创新能力”“建设创新型国家”等政策方针的贯彻落实，都已经或正在促进社会经济的高速发展，推动社会和谐进步。

2. 创新的本质

创新的本质主要包括三点：政变、进取、不做“复制者”。

(1) 改变。创新改变的结果有两种：一种是物质的，即对客观事物的改造和改变；另一种是非物质的，如产生的新思维、新理念、新经验等。

(2) 进取。创新的这一本质从另一种意义上说，就是推动人类文明进步的激情，是对周边事物进行积极的探索。一个民族只有积极探索才能知道得更多，也更加先进；一个国家只有不断进取、不断前进才能实现国富民强。

(3) 不做“复制者”。单纯地模仿不是创新，重复只会造成原创力的逐渐降低。创新的本质在于继往开来，淘汰一些旧观念、旧技术、旧体制。与时俱进既要批判地对待旧的，又要批判地评价新的，把过去和未来一起熔铸进现在里面，培育适应当代发展需要的新观念、新技术、新体制。

3. 创新意识

(1) 创新意识的定义。创新意识是指人们根据社会和个体生活发展的需要，引起创造前所未有的事物或观念的动机，并在创造活动中表现出的意向、愿望和设想。它是人类意识活动中的一种积极的、富有成果性的表现形式，是人们进行创造活动的出发点和内在动力。没有创新意识，就不会有创新活动。

创新意识是一种与时俱进、勇于探索、开拓进取的思想状态和精神风貌，体现在实际工作和生活的方方面面。超越前人是创新，推陈出新是创新，创造性地解决难题、狠抓落实也是创新。一个创新意识强烈的人不满足于现状，敢为天下先，没有最好，只有更好，时时刻刻想着创新。若一个人的创新意识不强，创新劲头不足，则其精神萎靡不振，因循守旧，当一天和尚撞一天钟，碰到矛盾就向外推，遇到问题绕道走。

(2) 创新意识的内容。创新意识包括的内容，仁者见仁，智者见智。根据创新意识在创新实践中的自觉程度、指导力量的大小和持续时间的长短，可以将创新意识的内容依次划分为创新动机、问题意识、创新兴趣和超越意识。

创新动机又称为创新动力或创新需要。人们渴求创新，总有一种推动的力量，这就是创新的动机问题。创新动机起源于创新需要。一个人如果从思想上没有想到要创新或者认为创新可有可无，那他当然不会有创新行动或者不会有强烈的创新行动。由此可见，创新动机在创新意识中处于关键性的地位。

问题意识又称质疑意识，若认为某一事物没有问题，就不需要去改进和创新。发现问题需要求异与质疑，谁不敢或不善于求异与质疑，谁就无法发现问题。没有对常规的挑战，就没有创新，而对常规的挑战的第一步就是质疑。质疑是发现真理、发展真理的必经环节和必经过程。

创新兴趣是指人们对创新活动的积极情绪和态度定向。创新兴趣也起源于创新需要，是创新动机的进一步发展。产生创新动机并不一定有创新兴趣，但一旦形成了创新兴趣，就必然伴随着创新动机。对创新的强烈兴趣，是进行创新活动最重要的心理条件。

创新要有超越意识，超越前人、他人或自己已有的成绩。任何开拓、任何创新都是一种超越。人类发展史就是一部不断开拓、不断创新的历史，也是一部不断超越的历史。例如福特的创新意识。福特 12 岁时就开始构想要制造一部能够在公路上行走的机器，这个想法令他兴奋不已。周围的人都认为福特的这个想法是不切实际的，纷纷劝导福特放弃这个奇怪的念头。但少年福特凭着坚强的意志，仅用一年多的时间就完成了人家需要三年时间才能完成的机械师培训课程。从此，老福特的农场少了一个助手，但美国却多了一个伟大的工业家。福特从 12 岁开始构想至 36 岁创造出第一辆汽车，在这 24 年的生命历程里，他为自己的梦想投入了全部精力，反复进行实验。作为一个勇于创新的人，福特最终达成了自己的心愿。

4. 创新思维

(1) 创新思维的定义。创新思维是指以新颖独创的方法解决问题的思维过程。通过这种思维能突破常规思维的界限，以超常规甚至反常规的方法、视角去思考问题，提出与众不同的解决方案，从而产生新颖的、独到的、有社会意义的思维成果。

创新思维是相对于传统性思维而言的，所有人都有创新思维，但不是每个人都能够用到创新思维。平常人传统性思维、常规性思维占主导，所以他的创造力发挥不出来。具有创新思维的人可以想别人所未想、见别人所未见、做别人所未做的事，敢于突破原有的框架，或从多种原有规范的交叉处着手，或反向思考问题，从而取得创造性、突破性的成就。

一项创新思维成果的取得需要人们付出艰苦的脑力劳动，往往需要经过长期的探索、刻苦的钻研，甚至多次的挫折之后才能取得，而且创新思维能力也要经过长期的知识积累、智能训练、素质磨砺才能具备。

(2) 创新性。创新性是创新思维的基本特征和主要标志。评价创新性最重要的指标是思维成果的新颖程度，其中，创新程度的最高级别是独创。创新性表现为以下两个方面。

批判性。批判性一般指对新旧理论间矛盾的取舍。研究者在发现新现象、新事实与既有知识、经验和定律相矛盾且采用常规思维方式无法解决该矛盾时，创新思维的批判性就显得特别重要。

灵活性。灵活性主要指研究者的思维活动不受常规思维定式的束缚与局限，并且能够根据具体的科研对象自由、灵活地采用多种思维方式探索问题的答案。

(二) 创新教育

1. 创新教育的含义

创新教育在我国已被提出十多年。创新教育的目的是培养创新人才，这已是教育界的共识。但对于创新教育的概念，学术界有许多不同的说法。

综合国内外学者的观点，将创新教育定义为：创新教育是以培养创新性人才为基本价值取向的教育，属于素质教育的范畴，重在使学生在牢固、系统地掌握现代科学知识的过程中，通过启发、诱导、激发、训练等方法，唤醒自身的创新意识，训练自身的创新思维，完善自身的创新人格，提升自身的创新能力。

2. 创新教育的主要内容

(1) 创新精神：主要包括对新异事物的好奇心、探究兴趣、求知欲、敏感度，对真知的执着追求，对发现、发明、革新、开拓、进取持有百折不挠的精神。创新精神是一个人创新的灵魂与动力。创新精神提倡独立思考，大胆质疑，不人云亦云，不迷信书本和权威。莱特兄弟不迷信书本，敢于向权威挑战，制造出了人类第一架载人动力飞机，这就是可贵的创新精神。

(2) 创新能力：主要包括创造思维能力、创造想象能力及创造性地计划、组织与实施某种活动的能力。创新能力是创新的本质力量。

乔布斯头脑中有很多的想法，所以苹果公司在计算机设计的方方面面创新不断，包括电源线这样的细枝末节。苹果笔记本电脑插在墙上的电源适配器叫MagSafe，MagSafe是一块连接笔记本电脑和其电源线的磁铁，它可以轻松地、安全地将电源线与电脑分离。乔布斯发明MagSafe的目的，就是避免人的脚绊在电脑的电源线上，那么他的这个创意是怎么来的呢?

乔布斯是将“电饭煲”和“计算机”这两个本质上风马牛不相及的东西联想在了一起。日本人生产的电饭煲多年来一直采用磁性闩锁的设计，主要是为防止人或其他东西绊在了电源线上的时候，电饭煲里面的东西洒出来，从而造成受伤事件。当 MagSafe 于 2006 年被苹果公司的 Macbook 采用的时候，苹果公司的粉丝觉得这是长久以来见到的最酷、最有创意的概念。当然，MagSafe 确实不是一个新的发明，但关键是，苹果公司的竞争对手都没能为自己的顾客无微不至地想到这个细节，只有乔布斯做到了。因为乔布斯的联想、整合，所以苹果公司才有了此项创新。

(3) 创新人格：主要包括创新责任感、创新使命感、事业心、执着的热爱、顽强的意志和毅力、能经受挫折和失败的良好心态以及坚韧顽强的性格。创新人格是坚持创新、做出成果的根本保障。

创新的结果是辉煌的，但创新过程是艰苦而曲折的，需要强大的创新人格力量来支撑。以爱迪生发明电灯为例，做了六千多次实验仍然没有找到合适的灯丝材料。许多人嘲笑爱迪生的失败经历，认为他在做白日梦。面对别人的质疑和不信任，爱迪生并没有放弃寻找合适的灯丝，反而以此为动力继续开展自己的科学实验。终于功夫不负有心人，他发现了钨丝可以作为灯丝材料，这种材料是灯泡的绝佳材料，发出的光线十分明亮，又不易烧断，适合长期使用，为此他欣喜若狂。此后，灯泡便慢慢地进入了寻常百姓家，成为我们夜晚必备的照明工具。

二、信息素养教育与创新教育的关系

创新教育的一切活动都是围绕信息而进行的，没有信息，创新教育就无法实施。创新教育注重使学生主动地获取知识和处理信息，强调学生要学会提取、加工、组织信息，提倡在分析、比较多种信息的基础之上探索各种可能的方案并做出自己的决策。正是因为创新教育对信息以及信息活动的依赖性更高、更强，所以信息素养教育在创新教育中的特殊作用分外突出。

(一) 信息素养教育是创新教育的重要内容

首先，信息素养教育是创新教育的前提。创新不能割断历史，创新首先要继承，创新与继承相辅相成，没有创新，继承就会失去活力，没有继承，创新就会成为无源之水。在学术研究的道路上，我们一方面要努力开拓，积极创新；另一方面，也要倡导继承，充分借鉴和汲取前人已有的研究成果。如何更好地继承呢?大学生只有具备了良好的信息素养，吸收和借鉴前人的研究经验，了解和掌握当前的知识、技术和现状，才能在创新中有所参考、有所领悟，才可以少走弯路，避免重复研究。因此，信息素养是创新人才必备的基础素质，信息素养教育是创新教育的前提。

其次，信息素养教育是创新意识产生的源泉。信息意识是信息素养中最为重要的部分，是信息素养的灵魂。具有信息意识的人能够用信息的眼光，从信息的角度去观察周围的一切事物，能主动捕捉到有价值的信息，并把这些信息和自己要解决的问题联系在一起。科学研究和技术创新是一种旨在增加科学技术知识、发展新的探索领域的创新性活动，而创造性思维需要外界信息的触发，信息意识和信息能力则是创造性思维必备的基础。大学生有了信息意识，才能主动去收集、获取学科前沿的发展动态，从复杂的信息中获取有价值的信息，这对大学生创新能力的提高大有帮助。

最后，信息素养教育是培养创新能力的基础。在信息社会的进程中，信息已成为社会战略性转换资源，信息素养的高低决定着对所需信息挖掘的深度和广度、利用的效度及信息价值再生的额度等，而这些都是培养创新能力的基础。作为信息时代的大学生，只有掌握了正确的获取信息、创造知识的方法，不断提高获取信息与创造知识的能力，才能形成创新思维和创新技能。

(二) 信息素养教育是创新教育的长期目标

信息素养是创新人才终身学习并提高的素质。人才是知识的载体，是创新的主体，要想有效提高社会的创新能力和竞争能力，最根本的措施就是要培养和造就一批高素质的创新人才。创新人才的培养靠创新教育，创新教育的一个很重要的内容是信息素养培养，信息素养是创新人才适应知识经济社会发展、进取的必备知识结构和知识技能。

在知识经济时代，人的知识结构调整频率加快，创新人才必须树立牢固的终身学习的观念。具备信息素养的人时时处处关注信息，依托信息技术和信息工具，提高迅速获取最新知识的能力，对信息进行组织、加工、分析、提炼，吸取自身需要的信息，并将其组织成适于自己运用的形式，推动其实践活动。高校必须通过信息素养教育来完善大学生的知识结构，强化大学生的信息技能，全面提高人才的整体素质，给人才不断创新提供机会。

第四节　大学生信息素质教育与创新能力的相关探索

一、大学生的信息素质教育与创新能力培养的关系

信息素质教育是创新能力的基础。它可以能动地促进大学生获取、认识、利用信息的学习和训练，从而推动创新能力的培养。大学生的创新意识发源于信息意识，大学生信息素质教育有助于其创新思维的培养，大学生信息能力的提高有助于其创新技能的提高，而大学生信息道德教育有助于其树立正确的创新观念。

大学生创新能力是信息素质教育的目标。创新能力的培养和提高，能激励大学生的信息知识由被动接受状态转为自觉活跃状态。从信息素质教育的本质内容来看，它是以创新能力培养为目标，是一种创新教育，是高等教育的有机组成部分，同时也体现高等教育应当促进每个人的全面发展的基本属性。创新能力不是一成不变的，它是一种潜在的综合能力，受多种内外因素的影响，大学生正处于身心不断发展的阶段，其创新能力必然随着个体知识结构、思维方式的进步以及更多深层次的实践活动而不断提升。

加强大学生信息素质教育与创新能力的培养有着辩证的互动关系。信息素质教育不仅是强化大学生的信息意识、提高其信息能力、培育其信息道德为目标的教育，而且也是培养大学生具有适应信息社会的知识结构，开发学生可持续学习能力、创新能力和批判性思维能力的系统化综合性素质教育。

二、大学生信息素质教育与创新能力培养存在的问题

（一）政府对信息素质教育的重视不足

美国作为目前世界上信息化程度最高的国家，首先意识到信息素质教育的重要性。20 世纪 80 年代，美国政府把信息素质教育作为培养终身学习能力的必要素质教

育，并投入巨资加强信息素质教育所需的软硬件建设。美国信息素质教育之所以能顺利实施，主要得益于权威机构的统筹规划和协调管理。在信息素质教育方面不仅有较为成熟的指导性文件，而且还有专门的组织负责调查、研究并不断地修订完善。我国的信息素质教育起步较晚，无论在理论研究或教育投入方面都远远落后于发达国家。到目前为止还没有一个全国性组织对信息素质教育做一个统一的规划和部署。

（二）高校信息素质教育定位不准确

把信息技术教育等同于信息素质教育：信息技术教育强调的是技能，而信息素质教育是提高学习者利用信息的综合素质，培养解决实际问题的能力、创新思维以及终身学习的能力，它是通过信息技术来实现的，但又独立于技术，两者并不等同；把文检课等同于信息素质教育：目前高校开设的文检课，更多体现的是图书馆意识和检索技能的培养，忽视学生信息意识和信息道德的教育。文检课不能够涵盖信息素质教育的所有核心内容，无法代替信息素质教育。这样高校在信息素质教育上没有一个相对科学的合理化定位，在一定程度上影响了大学生的信息素质教育。

（三）对信息素质教育的理论研究薄弱

美国众多专家学者对信息素质教育问题广泛而深入的理论研究，起到了良好的宣传效果。20 世纪 80 年代，大学生信息素质教育作为一门课程被正式纳入美国高校的教学大纲，并成为高等教育理论研究的一大热点，有大量的专著与论文问世，取得了丰硕的研究成果。我国在信息素质定义、高校信息素质评价指标体系的研究上，比较多的是对国外工作的引进与翻译，创新很少。高校信息素质教育需要教育理论和相关学科理论的支持，虽然我国也出现了一些对信息素质哲学研究、教育学研究的文章，但从总体上看，相关学科研究还未引起高校图书馆的重视。

（四）高校信息素质教育应用性探索缺乏合作

高校信息素质教育的应用性探索领域的工作不单是高校图书馆一个单位的工作，还需要图书馆员和学科教师、电教人员、教育学家合作。目前，与学科教师合作进行信息素质教学已得到高校图书馆员的广泛重视，但与电教人员、教育学家的合作，在大多数高校图书馆没有得到重视。应用性探索领域的合作还包括高校图书馆之间的合作。高校图书馆之间有许多共性，可以共建共享许多资源，既可避免资源的重复开发建设，又能利用团体的力量，将资源的建设水平提升到一个新的高度，但目前高校图书馆界缺乏这样的合作。

（五）缺乏符合国情的大学生信息素质教育

国外关于信息素质标准的研究起步较早，并取得了一些成果。其中最具代表性的是 2000 年美国大学与研究型图书馆协会批准并颁布了《高等教育信息素质能力标准》，为信息素质教育提供了评价的框架。我国对信息素质评价标准的研究起步较晚，到目前为止还未形成一个正式的具有权威性的全国信息素质教育评价标准体系，以致我国信息素质教育缺乏应有的规范性和统一性。大学生创新能力评价指标体系方面，从现有的研究成果来看，评价指标过于宽泛、过于宏观，另外定性指标和定量指标没有很好地结合起来。在大学生创新能力评价方面，可行的评价方法很多，在理论上很难分清哪个方法更优，甚至针对同一个对象进行评价，评价结果常常存在差异。这些问题都亟待解决。

（六）教师的信息素质与创新能力有待提高

教师在指导学生认识创造、利用信息过程中起着关键的作用。依据国内外信息素质教育的实践，教师的信息素质可以归纳为信息课程专业素质、应用软件操作素质、各种课程应用网络教学的基本素质和课程软件设计素质。而目前大多数教师在信息素质教育与创新培养方面认识尚不足，许多教师缺乏使用信息技术进行教学的知识和技能，这也是影响和阻碍大学生信息素质与创新能力提高的一个重要因素。

三、促进大学生信息素质教育和创新能力培养的途径

（一）宏观层面

1. 对信息素质教育进行统筹规划和管理

从宏观上统一部署，联合教育部高校图工委及中国高等教育学会、全国高等教育学研究会等部门进行统一规划，制定出信息素质教育在全国高校的具体实施准则和方案，为高校推行信息素质教育提供强有力的依据，促使信息素质教育在全国范围内有目的、有计划地开展实施。

2. 明确信息素质教育在大学生创新能力培养中的地位

要加强对大学生的信息素质教育与创新能力的培养，必须得到社会、学校、

家庭的重视，为大学生营造良好的信息素质教育环境，促进大学生创新能力的培养与发展。把信息素质教育列为大学生的必修课程，以信息技术教育为基础，以信息能力、信息道德和创新能力的培养为核心，紧紧围绕本校人才培养需求，结合本校专业特色和不同年级学生的特点，构建多层次的教育体系，采用分层次分段连续方式开展教育。

3. 制定信息素质教育和创新能力的评价标准

一套科学的信息素质教育评价标准，既能作为信息素质教育的指南，也可为信息素质能力的评价提供依据。国内应借鉴国外相关信息素质教育评价标准，制定出符合我国国情的信息素质评价标准，对构建信息素质评价框架有重要的作用。在标准中应制定出适合于信息素质教育的评价标准和评价指标。在评价方法和评价策略选择方面，教师应该更加注重信息素质教育评价及时性和情境性。遵循科学性、可操作性和全面性原则，构建能够反映大学生创新学习能力、创新思维能力和创新技能等的评价标准及等级标准。

（二）中观层面

倡导多层次、多形式、全方位的合作是推进信息素质教育的一项重要举措。高校图书馆之间应该加强合作，共同享有各自在信息素质教育方面所需的资源，共同制定信息素质教育目标和教学内容，共同制定课件开发标准并分工协作，共同开展教学评价活动等。高校图书馆应加强与其他教育职能部门的协作与联系。图书馆要争取学校主管领导的支持，加强与学校教学管理部门、院系的横向联系与协作，同时还需要信息素质教育教师与各院系的领导及专业教师、学校网络中心、电教中心等相关机构密切合作，这样才能把信息素质教育贯穿并融入学校整个教学体系中。而且要加强教育人员与学生、学生与学生之间的合作，充分利用各种网络交流方式，营造协作式的学习氛围，体现一种互动的虚拟学习环境。

（三）微观层面

1. 营造良好的信息素质教育氛围和创新能力的生态环境

信息素质教育需要高校决策层、教学主管部门给以足够的重视，出台有关政策及管理文件，为信息素质教育的实施提供政策保障。学校要加大资金投入力度，配备相关设备。同时，高校应重视教师信息素质的在职教育和继续教育，使其不断更新知识结构，适应用户信息需求多样化和业务管理现代化的要求。

2．在线与传统信息素质教育相结合的教学模式，提高大学生创新能力

作为课堂教学的延伸和补充形式，在线信息素质教育突破了传统课堂教学的局限性，成为信息素质教育的发展趋势之一。它具有无时空限制、个性化、互动性、实时、动态的教学评价等优点，但也存在着缺乏学生与教师、学生与学生之间的面对面的交流，对计算机及网络环境要求较高，还处于发展阶段远未完善等缺点。将在线与传统信息素质教育有机结合起来，实现信息素质基础理论与具体技术的综合教学，实现优势互补，开展创新教学模式，培养大学生信息创新能力。

3．层次化、专业化和模块化的教学内容

为满足具有不同层次信息素质学生的学习需求，教师应设计出层次化、专业化和模块化的信息素质教学内容。教学内容分为基础、通用、专业信息素质能力模块。基础信息素质能力模块主要是强化对信息的认识，增强信息意识与道德，掌握一定的信息获取技术；通用信息素质能力模块主要强化信息获取能力、信息获取技术，提高信息意识与道德；专业信息素质能力模块主要是强化专业信息综合与利用能力、信息交流能力、科研创新能力。

4．创新的教学方法

在信息素质教育中贯穿运用发散思维法、比较法、综合分析法、收敛思维法、反问法、演绎法、概括法、变换视角法、意外发现法、动态发现法、移植法等方法，培养大学生的创新意识和创新思维，从而提高大学生的创新能力。

5．有效的教学评价

根据国家制定的信息素质教育和创新能力的评价标准，选取适合本校层次的评价指标体系，科学地制定各指标的权重，并采用定性与定量相结合的方法对大学生的信息素质、创新能力进行综合的、客观的评价。

四、促进大学生信息素质教育和创新能力培养的措施

（一）加强对信息素质教育的重视

我们要充分认识到对大学生进行信息素质教育是适应社会信息化的需要，是

培养创新人才的需要，是增强大学生创新能力和终身学习的需要。我国也应借鉴美国经验，为信息素质教育提供良好的政策环境支持，为各部门人员的合作创造条件，从宏观上统一部署，联合教育部高校图工委及中国高等教育学会、全国高等教育学研究会等部门进行统一规划，制定出信息素质教育在全国高校的具体实施准则和方案，为高校推行信息素质教育提供强有力的依据，促使信息素质教育在全国范围内有目的、有计划地开展实施。并推出相应的规章制度督促相关人员接受信息素质的教育培训，使信息素质教育制度化、规范化、长期化，从而调动大学生的学习积极性，提升大学生的信息素质。

(二) 明确信息素质教育在大学生创新能力培养中的地位

信息素质教育是一门与其他学科既有一定联系又相对独立的新学科。要加强对大学生的信息素质教育与创新能力的培养，就必须采取有力措施把信息素质教育列为大学生的必修课程，纳入教学大纲，制定考核标准，使教学正规地开展起来。可以借鉴美国高校信息素质教育的成功经验，以信息技术教育为基础，以信息能力、信息道德和创新能力的培养为核心，紧紧围绕本校人才培养需求，结合本校自身的专业特色，并根据不同年级学生的特点，构建多层次的教育体系，采用分层次、分阶段连续方式开展教育。采用各种辅助教育形式，如网络自助、专题讲座、课题研究等，通过社会、学校、家庭为大学生营造良好的信息素质教育环境，促进大学生创新能力的培养与发展。

(三) 加强信息素质教育的理论研究和宣传

我国在信息素质教育的理论研究上还只是起步阶段，基本上还没有形成一个成熟的具有实际应用意义的教育计划。这就需要教育界、图书馆界以及信息技术界的专家学者深入研究与探索信息素质教育理论，利用各种渠道大力宣传信息素质教育，引起政府足够的重视和肯定，制定相应的实施政策，提供相应的保障措施，明确教育的目标和进程，自上而下启动信息素质教育工程。在高校中，信息素质教育是图书馆传统用户教育的延伸，图书馆应积极开展信息素质教育项目的研究和实施。

(四) 构建不同层次的信息素质教育合作模式

倡导多层次、多形式、全方位的合作是推进信息素质教育的一项重要举措。

信息素质教育是一项系统工程，决非图书情报机构、图书馆员单方面所能完成的。从宏观上，结成地区乃至全国的信息素质教育联盟：开展信息素质研究；发起、支持、监控和报道国内外信息素质项目；积极鼓励教育厅、高等教育委员会等管理机构制定和采用信息素质指导方针等。高校图书馆之间应该加强合作，共同享有各自在信息素质教育方面所需的资源，共同制定信息素质教育目标和教学内容，共同制定课件开发标准并分工协作，共同开展教学评价活动等。从微观上，高校图书馆应加强与其他教育职能部门的协作与联系：信息素质教育推行需要在一个全校性的信息素质教育整体规划的前提下进行。图书馆要争取学校主管领导的支持，加强与学校教学行政管理部门、院系的横向联系与协作，同时还需要信息素质教育教师与各院系的领导及专业教师、学校网络中心、电教中心等相关机构密切合作，这样才能把信息素质教育贯穿并融入学校整个教学体系中。

(五) 大学生信息素质教育与创新能力的评价

通过科学地测量与评价，可以准确地掌握大学生信息素质所处的状态，清楚地看到成绩与不足，针对不足制定科学的培养方案，促进大学生朝着有利于信息素质教育和创新能力的培养方向发展。结合我国的国情尤其是高等教育的实际，借鉴 ACRL 的标准并遵循科学性和先进性原则、系统性原则等，制定我国大学生的信息素质评价标准，标准应涵盖信息意识、信息能力、信息道德等几个方面。创新教育是现代教育的核心，正确评价学生的创新能力是检验教育成果，发现并改进教育薄弱环节，建立创新教育模式的基本要求。开展大学生创新能力培养评价方法和评价体系的研究，有助于培养学生的创新意识、创新能力及正确认识它在高等教育中的地位和作用。我们应遵循科学性、全面性、可操作性原则，构建大学生创新能力综合评价指标体系及等级标准。将大学生创新能力这个评价目标进行层次分析，构成评价的分级体系。体系由反映大学生创新学习能力、创新知识基础、创新思维能力和创新技能等不同属性的指标组成。并对这些指标进行分解，得出各自的可以测量的二级指标。通过建立大学生创新能力多层次的分解评价模型，从评价因素中提取大量数据进行统计、存储、计算，从而对大学生创新能力进行综合、客观的评价。

(六) 提高教师的信息素质与创新能力

对于大学生创新能力的培养，在很大程度上取决于教师的信息素质和创新能力的高低。为了提高教师的信息素质与创新能力，有必要为教师利用计算机与信息网络创造良好的条件；针对教师的不同需求，有组织、有计划地开办各种形式的培训班，增强教师利用信息技术组织教学的能力；借鉴美国南部地区教育委员会制定的教师信息能力标准的经验，制定我国教师信息素质评价标准，把信息素质纳入年终考核的内容，促进教师对提高信息素质的重视。重视培养教师把计算机技术、网络技术和其他高能力新技术在教育、教学与科研中的广泛应用。只有这样，教师才可能在各个教学环节中，发掘教材中的创新价值，组织创新性的教学活动，补充创新性的教学内容，组织学生参加创新性的实践活动，激发学生的创新性思维、创新性能力，鼓励学生养成创新性人格。

第四章　高校图书馆的基础认知与图书馆信息素质教育研究

图书馆是每一名大学生在校学习期间的第二课堂，随着信息技术的飞速发展，传统意义上的图书馆正在受到数字化图书馆、虚拟图书馆、文献信息数字化等一系列新概念的猛烈冲击。专家预测，今后相当长一段时间内，图书馆的模式应该是传统纸质文献和数字化文献相结合的复合型图书馆。

第一节　图书馆的概念解读

一、图书馆的概念

在不同的历史阶段，由于社会政治、经济、文化等环境不同，人们对图书馆的认识程度和对它的表述也不尽相同。

近现代关于图书馆概念比较有代表性的观点有以下几种。

美国图书馆学家巴特勒提出："图书馆是将人类记忆的东西移植于现在人们的意识之中的一个社会装置。"巴特勒主要是从哲学和心理学的角度来概括图书馆的性质的。

德国的卡尔施泰特则认为："图书是客观精神的容器，图书馆是把客观精神传递给个人的场所。客观精神的作用就在于它能够建立和维持各种社会形象。因此，图书馆就是在维持社会形象中，使世代结合的纽带。"在这个意义上，图书馆就是使文化的创造和继承成为可能的社会机构。

《中国大百科全书》将图书馆描述为："收集、整理和保存文献资料并向读者提供利用的科学、文化、教育机构。"

北京大学信息管理系的吴慰慈教授在《图书馆学概论》(1985)一书中提出："图书馆是收集、整理、保管和利用书刊资料，为一定社会的政治、经济服务的文化教育机构。”[1]这个定义反映了20世纪90年代以前人们对图书馆的认识，它是对传统图书馆本质的概括。

吴慰慈教授在修订版的《图书馆学概论》(2002)中又提出：“图书馆是社会记忆(通常表现为书面记录信息)的外存和选择传递机制。”换句话说，图书馆是社会知识、信息、文化的记忆装置、扩散装置。

关于图书馆的概念有很多，对于其中的侧重点我们可以加以分析比较，而对于大多数人来说，了解图书馆的目的是更方便地利用图书馆。因此，我们建议采用这样一个定义：图书馆是收集、保管和利用各种类型的馆藏，促进信息资源与设施的利用，以满足用户在信息获取、科学研究、教育、文化娱乐方面需求的机构。

二、图书馆的职能、类型和作用

(一) 图书馆的职能

职能是指人、事物或机构在一定的范围内应该起到的作用，即组织系统存在的目的。图书馆的职能，从整体来讲，大致有以下方面。

1. 社会文献信息流整序的职能

社会文献信息的生产具有连续性和无序性两个明显的特征，社会文献信息的这种连续运动状态，用形象化的语言来描述就叫作“文献信息流”。文献信息流的这种无序状态给使用者带来了极大的不便，为了使人们能够合理地、有效地利用文献，就需要对其加以整序。图书馆就是这样一种能够对文献信息流进行整序的社会机构。

2. 传递文献信息的职能

这是图书馆的另一个基本职能，是由图书馆的中介性所规定的。有研究者认为：图书馆是传递文献信息的，主要通过传递文献的内容信息、传递馆藏书目信息、传递网络信息、主动与被动结合起来的传递信息等方式传递文献信息。图书

---

[1] 吴蔚慈，现任北京大学信息管理系教授，图书馆学专业博士生导师；兼任国家教育部高等院校图书馆学学科教学指导委员会主任委员，国务院学位委员会图书馆、情报与档案管理学科评议组第一召集人，中国图书馆学会学术委员会主任，《中国图书馆学报》《大学图书馆学报》《情报学报》《情报科学》等核心期刊的编委、编辑委员会副主任委员。

馆传递文献信息的职能主要是通过流通阅览、参考咨询、网页发布、定题服务等形式实现的。

3．开发智力资源，进行社会教育的职能

这也是图书馆的一项重要作用，图书馆馆藏文献是人类文化科学技术思想的结晶，它也为图书馆从事智力开发、进行社会教育提供了丰富的文献基础。智力资源的开发主要包含三层意思：一是开发馆藏文献资源；二是开发网上信息资源；三是启发用户的智力，培养用户进行科学思维的能力。此外，图书馆进行智力开发还体现在对用户进行的各种图书馆教育上。这些教育包括：书目知识教育、文献检索知识方法教育、网络信息检索方法教育、阅读方法教育和学习方法教育等。

4．收集和保存人类文化遗产的职能

保存人类文化遗产的职能是图书馆最古老的职能。直到现在，保存文化的职能仍然是图书馆其他职能的基础。可以说，如果图书馆没有保存文化遗产的职能，它也就不可能完成文献信息流整序、文献信息传递和教育、娱乐的职能。

5．满足社会成员文化欣赏娱乐消遣的职能

图书馆是社区的文化娱乐中心。图书馆所提供的文献信息中包括文学作品、音乐美术作品、影视作品、游戏软件等，可以满足社会成员文化欣赏、娱乐消遣的职能。儿童图书馆还可根据少年儿童的特点组织游戏、故事会等活动。今后，图书馆要利用计算机和互联网开拓服务领域，充分满足用户的休闲娱乐消遣的需求。

（二）图书馆的类型与作用

在图书馆事业的发展进程中，相继出现了各种不同类型的图书馆。这些图书馆的具体任务和服务对象不同，对书刊文献资料的收集、整理、保管和传播的内容和形式方法也各有差异。了解各类型图书馆的不同特点和功能，有助于我们更好地利用图书馆。

目前我国图书馆的类型主要有：国家图书馆、公共图书馆、高等院校图书馆、科研机构图书馆、专业图书馆、企事业单位图书馆、军事图书馆、中小学图书馆、儿童图书馆、盲人图书馆、少数民族图书馆等。在上述各类型图书馆中，通常认为公共图书馆、科研机构图书馆和高等院校图书馆是我国图书馆事业的三大支柱。

1. 国家图书馆

国家图书馆是由国家建立的，广泛收集国内外各类型文献资料，并代表一个国家与国外图书馆界进行交流的，面向全国的中心图书馆，亦属于公共图书馆的范畴，在很大程度上代表着一个国家图书馆事业的发展水平。我国国家图书馆的前身是正式开放于1912年的京师图书馆，中华人民共和国成立后以北京图书馆之名行使国家图书馆的职责，至20世纪末，正式更名为中国国家图书馆(The National Library of China)。

国家图书馆的主要任务还有编制现行及回溯性的《中国国家书目》，编辑并向全国发行新书编目数据，保存《四库全书》等珍贵的历史文化遗产等。国家图书馆在国家信息系统中还应起三个主要作用：提供必要的中心图书馆服务；领导国家信息系统中的图书馆成员；积极参加国家信息系统建设和制定全面发展规划。

世界各国大都建有自己的国家图书馆，如美国国会图书馆、德国柏林普鲁士文化基金会图书馆以及英国国家图书馆等，都是世界上馆藏文献丰富、久负盛名的国家图书馆。

国际图书馆联合会(IFLA)每年都要召集一次世界性的大会，世界各国的国家图书馆代表和图书馆界人士汇聚一堂，共同探讨图书馆的发展方向。1996年，我国在北京承办了第62届国际图联大会。❶

2. 公共图书馆

公共图书馆是由各级政府文化部门建立的，为社会公众服务的图书馆。公共图书馆担负着为科学研究服务和为大众服务的双重任务，在促进国家经济、科学、文化、教育事业的发展，提高全民族科学文化水平方面起着重要的作用。1975年，国际图书馆联合会将公共图书馆的社会职能概括为四条：保存人类文化遗产、开展社会教育、传递科学信息、开发智力资源。

北京市的首都图书馆、北京市西城区的西城区图书馆、上海市的上海市图书馆等都属于公共图书馆的范畴。其馆藏文献是综合性的，并带有明显的地方特色。如首都图书馆建有地方文献部，其所收藏的北京地方文献完整、系统，包括大量珍贵的历史文献。

3. 科研机构、专业图书馆

这类图书馆属于专门性图书馆，它们往往同时是本专业的信息中心，即图书

❶国际图书馆协会联合会(简称“国际图联”，International Federation of Library Associations and Institutions，IFLA)成立于1927年，是联合各国图书馆协会、学会共同组成的一个机构，是世界图书馆界最具权威、最有影响的非政府的专业性国际组织，也是联合国教科文组织A级顾问机构，国际科学联合会理事会准会员，世界知识产权组织观察员，协会总部设在荷兰海牙。

馆与信息中心一体化。这种专门性图书馆是依靠一些专门人才及其所掌握的专业知识，用科学的方法收集、整理、保存、提供信息资料的机构。科研机构、专业图书馆是交流科学信息的机构，是我国图书馆体系的一个重要组成部分，它在为科学研究服务方面，起着“耳目”“尖兵”和“参谋”的作用。

我国的专业图书馆有中国科学院文献情报中心、中国社会科学院图书馆等。

4. 高等院校图书馆

高等院校图书馆是高等院校的文献信息中心，它根据高等院校教学和科研工作的需要，收集、整理和提供各种载体的文献、信息，为广大师生服务。其藏书一般均有一定数量要求(一般为生均 100 册左右)，与学校教学相关的书籍应有一定标准的复本量，馆舍面积应达到生均 2 平方米左右，一般高等院校的各院系都设有资料室或分馆，为本院系师生提供与本专业相关的信息服务。

高等院校教学工作的特点，使其在读者需求方面具有一些共同的特点，如高校专业设置和教学内容相对稳定，导致了读者需求的相对稳定。而在教学过程中各个时段，如新生入学、期末考试、撰写毕业论文、实习就业等又导致了读者需求的阶段性等。

高等院校图书馆之间的馆际合作与资源共享工作也比较深入，如全国高校系统于 1998 年成立了中国高等教育文献保障体系(CALIS)，北京市属高校于 2002 年成立了北京高校网络图书馆，北京地区高校于 2007 年成立北京地区高校图书馆文献资源保障体系(BALIS)，在书目数据、数字化文献信息的共建、共享等方面起到了很大的作用。

高等院校图书馆一般还承担信息用户(即校内师生)的教育工作，其内容包括入学新生如何利用图书馆的教育、对本科生和研究生开设信息检索与利用课程等工作。北京大学图书馆、清华大学图书馆、复旦大学图书馆等都是国内久负盛名的高等院校图书馆。

第二节 图书馆的发展历程研究

一、图书馆的产生

文字的产生和文献的出现，是人类社会进入文明阶段的重要标志。当人类意识到需要将经验和知识用文字记录下来以供利用时，最古老的文献便产生了。当人们认识到需要对已产生的文献进行连续不断地收集，并将收集到的、有一定数量的文献有序地存放在一起以便长久保存和利用时，最早的图书馆便应运而生。考古发现，在约公元前3000年的古巴比伦王朝的一座寺庙废墟附近，有大批泥板文献被集中在一起，这应该是世界上已知最早的图书馆。公元前7世纪，亚述巴尼拔国王在尼尼微建立了藏有大约2.5万块泥板文献的皇宫图书馆。古埃及最迟在约公元前23世纪前的古王国时期，就有了王室图书馆和寺院图书馆。古希腊、古罗马时期也都有为贵族知识分子保存资料的图书馆。

公元前4—前1世纪，占据埃及的托勒密王朝曾建立了规模宏大的亚历山大图书馆，鼎盛时期该馆藏书达90万卷，是当时世界上藏书最多、文种最多、书目记录最全的图书馆。

我国也是图书馆历史悠久的国家之一，春秋时期的著名思想家老子就曾经当过周王室管理图书典籍的官员——柱下史。汉代时，国家图书馆已初具规模，经学大师刘向曾奉命率人对保存在图书馆的图书典籍进行了大规模的整理校订工作。到宋代，随着经济文化的发展，不仅有藏书丰富的官方藏书楼——崇文院，还出现了书院藏书，当时著名的岳麓书院、白鹿洞书院、应天书院、嵩阳书院等都建有自己的藏书机构。至明清两代，私人藏书趋于繁盛，建有一批私人藏书楼，如浙江宁波范钦的天一阁、江苏毛晋的汲古阁等，与此同时，官方藏书楼亦有所发展，清朝乾隆年间所编修的《四库全书》，共抄写了7部，分藏于北京故宫的文渊阁等七座官方藏书楼之中。[1]

当时，不论是埃及托勒密王朝的皇家图书馆，还是中国封建社会的官方与私人藏书楼，尽管藏书丰富，但都是为少数人服务，实际上都奉行重藏轻用的办馆理念，普通老百姓很难利用到其中的藏书。

二、图书馆的发展

17—18世纪，由于欧洲文艺复兴和启蒙运动的影响，在西方出现了面向大众、具有近代意义的图书馆和图书馆学。公共图书馆是资本主义社会发展的产物。随着生产力的不断发展，资产阶级需要大批有文化的工人和市民。免费的、开放的

[1]《四库全书》全称《钦定四库全书》。是在乾隆皇帝的主持下，由纪昀等360多位高官、学者编撰，3800多人抄写，耗时13年编成的丛书，分经、史、子、集四部，故名四库。共有3500多册书，7.9万卷，3.6万册，约8亿字。

公共图书馆的建立在图书馆事业史上具有划时代的意义。1850 年，英国国会通过了英国第一部公共图书馆法，1852 年建立了曼彻斯特公共图书馆。至 1900 年，英国已有 360 所公共图书馆。美国的公共图书馆是由各州根据立法而设置的。第一所规模较大的公共图书馆是 1854 年建成的波士顿公共图书馆，斯堪的纳维亚半岛的公共图书馆借鉴英、美的经验，一直办得较好。

我国具有近代意义的图书馆起步较晚，1902 年，浙江徐树兰依照西方图书馆模式建立的古月藏书楼，已具有近代图书馆的雏形。1909 年，清政府推行“新政”，筹建京师图书馆，1912 年正式对外开放，即今天国家图书馆前身。

中华人民共和国成立后，中国图书馆事业进入了一个新的发展时期，以北京图书馆为代表，涌现出一大批各类型图书馆，面向公众的程度亦大幅度提高。馆舍的建设、藏书的规模、工作人员的业务素质都达到了一定水平。北京大学和武汉大学等一批高校还分别建立了专门培养图书馆高级管理人才的信息管理专业。

进入 21 世纪以来，随着信息技术的飞速发展，出现了数字化图书馆的新概念。数字化图书馆就是以电子计算机技术、网络存储与传播技术等为手段，使馆藏文献数字化、数字化资源传输网络化、信息资源社会化，最后达到最大限度的文献信息资源的共建共享。目前，中国国家图书馆正在进行的国家数字图书馆建设已初具规模，绝大多数图书馆也都不同程度实现了图书馆各项工作的自动化管理，包括电子图书、电子期刊、多媒体资料、各种类型的数据库等在内的数字化文献在馆藏文献中所占的比重越来越大，馆际间数字化资源的共建共享程度大幅度提高。

当然，从目前的发展情况来看，各类纸质文献在各图书馆的收藏、使用还占有相当比重，从人们的阅读习惯和图书馆保存文化遗产这一任务来看，在今后相当长的一段时间内，图书馆的定位应该是传统化与数字化共存互补有机地结合于一体，应用传统技术和现代信息技术对印刷型文献、电子文献和网络信息资源进行收集、管理、转换、利用的复合型图书馆。

三、古今世界著名图书馆简介

（一）埃及亚历山大图书馆

亚历山大图书馆始建于托勒密一世(约公元前 367－前 283 年)，是世界上最古老的图书馆之一。馆内收藏了公元前 400 年－前 300 年时期的各类手稿，拥有十分丰富的历史文献收藏，曾经同亚历山大灯塔一样驰名于世。

当年的亚历山大图书馆凭借埃及国王托勒密一世及其继任者的重视与优越的地理位置，将图书、人员、设备、方法完美地融合在一起，缔造了几个世纪的辉煌，其所承担的社会文献信息整理、贮存与传递的工作，推动了社会文明的高度发展，引起社会各界对图书馆及其事业发展的重视，提高了图书馆的社会地位。亚历山大图书馆通过文献的收集、整理与交流、文献目录编制、二次文献编撰和利用、古籍的考证与校订等一系列工作，缔造了图书馆工作专业化的里程碑，为其后的图书馆工作发展奠定了基础。同时，亚历山大图书馆力求将当时国内外文献收集齐全的思想与方法，影响了西方图书馆的藏书建设传统，对近现代许多著名图书馆的藏书建设产生了极大的影响。

历史上的亚历山大图书馆曾几经兴废，今天的埃及亚历山大图书馆建于1996年，是一座建筑面积达8万余平方米，拥有200余万册藏书的现代化图书馆。

（二）宁波天一阁

天一阁位于我国浙江省宁波市区，是我国现存最早的私家藏书楼，也是亚洲现有最古老的图书馆和世界最早的三大家族图书馆之一。天一阁占地面积2.6万平方米，建于明朝中期，由当时退隐的兵部右侍郎范钦主持建造。天一阁现收藏各类古籍近30万卷，丰富的地方志是其馆藏特色。值得一提的是，今天的天一阁还入藏了当代作家铁凝、黄亚洲、叶辛、高洪波、雷达、王宏甲、王剑冰、韩作荣、陈源斌、王旭峰、叶文玲、陈祖芬12位作家的书稿，共计14部，是天一阁迄今第一次成批量收藏当代通俗类文学作品。这是古老的藏书楼走向开放、走向现代、增进社会参与性的表现。

（三）美国国会图书馆

美国国会图书馆(Library of Congress)与美国国立农业图书馆、美国医学图书馆并称美国三大国家图书馆，是全球重要的图书馆之一。馆藏3000万种书籍，涵盖了470种语言，超过5800万份手稿，是美国最大的稀有书籍珍藏地点，其中包括了《古登堡圣经》、超过100万份美国政府刊物、100万份跨越三个世纪的来自世界各地的报纸、3.3万份报刊的合订本、50万个微缩胶片卷轴、6000本漫画书、480万张地图、270万首音乐。它的馆藏量居全球首位。整个国会图书馆由托马斯·杰斐逊大楼、约翰·亚当斯大楼和詹姆斯·麦迪逊大楼三座建筑组成，并都坐落于华盛顿特区。

第三节　高校图书馆服务内容解析

一、高校图书馆服务释义

高校图书馆的任务就是提供用于教师和学生学习和研究的信息资料。而快速有效地让他们找到所需资料，是高校图书馆提供优质服务的价值体现。因此，图书馆要突出服务这个主题，坚持以读者第一、服务一流的标准严格要求自己。服务是一个老生常谈的话题，随着信息时代的发展，服务的理念和方法每个时期都有其显著的新特点。忽视或放弃图书馆服务不利于图书馆的管理工作，也使图书馆学失去价值意义。

二、高校图书馆的传统服务范畴

（一）文献获取服务

大多数图书馆目前都采取藏、借、阅一休的借阅服务方式，这也是现代图书馆的一个重要标志。宣传馆藏文献，向读者提供借阅，这是高校图书馆的一项基本服务职能。不仅是过去，今后很长一段时间都将是图书馆的主要服务项目。

商业数据库资源的提供使用也可看作是文献获取服务的一个重要部分，图书馆与发展成熟的数据库商之间的合作为高校用户提供了良好的资源获取平台。同样，图书馆帮助读者完成期刊、报纸、工具书、多媒体文献的查找获取也是文献获取服务的一部分。

（二）参考咨询

图书馆参考咨询是图书馆服务的基本工作，它是图书馆情报工作知识化、专业化以及智能化的具体表现，也是人文精神的体现。评价一个图书馆是否具有现代化水平的标志就是参考咨询工作做得是否到位。它的具体内容包括：第一，通过图书馆检索系统让读者了解文献信息目录，以及快速、准确查找所需资料，为读者节省时间；第二，开展座谈会与读者深入有效沟通，既让读者了解图书馆工作和馆藏文献资料，又认真倾听读者意见以利于丰富馆藏信息资料，使现代图书馆工作规范有序健康发展；第三，将图书馆经常遇到的咨询问题进行归纳整理，并以咨询解答库的形成出现，这样既方便了读者，又降低了成本，提高了服务效率；第四，定期将图书馆馆藏文献信息通过在校园开办讲座的形式介绍给读者，以提高文献利用率，这项服务对于刚到校的新生尤其重要。

（三）宣传推广与用户辅导

图书馆在做好基础服务工作的同时还要做好宣传推广、辅导工作，目的就是让尽可能多的读者了解文献信息，提高使用效率，让文献资料尽可能多地发挥其价值，从而提升图书馆在校园的影响。

宣传文献的常用方式有新书通报、书刊展览、报告会、讲座、书评征文等活动。阅读辅导包括阅读内容辅导和方法辅导。前者是根据读者要求或兴趣向读者介绍相关书刊，并辅导读者正确理解书刊信息，以帮助读者汲取营养。而后者就是有倾向性地引导读者阅读积极向上充满正能量的书籍，以避免阅读的盲目性和不良倾向。

宣传文献和辅导阅读两者是紧密结合在一起的。宣传文献能够巩固和扩大阅读辅导的效果，阅读辅导则又直接影响文献宣传的范围和文献的利用。

（四）科技查新

随着社会信息化的发展，海量数字资源迅猛增长，这些海量数字资源为我们带来丰富信息的同时，也为我们提出了一个挑战：如何从中准确、有效地查询和获取我们所需要的信息?这对数字图书馆的信息服务提出了新的要求。因此，依据用户的特定需求，为其提供集成化、个性化、多层次的信息服务产品是信息服务的发展趋势。

作为科技信息服务业中的一个重要部分，数字图书馆在科技与经济活动中扮演着极为重要的角色。科技查新作为科技管理的一项基础工作，为科研管理部门和有关专家进行科技成果和新产品的鉴定、奖励、专利申请及科研立项的评审等提供了可靠的文献依据，因此受到有关部门的高度重视。科技查新报告已成为有关部门进行科技成果评价和科研立项中必不可少的材料之一。不过，一般情况下，只有在大型图书馆或馆员队伍实力雄厚的情况下才可展开此类服务。

（五）原文传递

原文传递又叫文献传递或全文传递，是指通过馆际互借或信息服务机构的渠道为用户提供原始文献的服务。图书馆的原文传递服务，在业务上整合了图书馆的多项服务，在流程上，需要其他图书馆及信息机构的帮助与配合。

原文传递是本馆缺少这种文献资料而由外馆提供的一种服务方式。它是因期刊价格或购置书刊经费不足而引起的文献传递。这种原文传递方式降低了本馆成本，弥补了本馆收藏不足，因而满足了教师和学生对文献资料的需求。当读者需要的文献在本单位的纸本资源和电子资源中无法找到时，可以通过平台申请原文传递服务。目前主要的原文传递平台有 BALLS(北京地区高等教育文献保障体系)、CALIS(中国高等教育文献保障体系)、国家科技图书文献中心等。

（六）馆际互借

任何一座图书馆都无法做到仅仅依靠本馆馆藏就能满足读者的文献需求。任何一座图书馆的馆藏对于浩瀚的文献资源来说都是有限的。但是随着时代的发展，读者的需求是不断变化且是多种多样的，仅仅依靠采购不能有效满足这一需求。尤其是文献的时效性无法保障，有的还无处购买。而依靠馆际互借和文献传递的方式可以解决这一问题，既经济又快捷。对于图书馆来说，自身拥有文献和获取文献都是重要的，它是图书馆服务能力的体现，也是提升图书馆影响力的重要方式。

三、新环境下高校图书馆服务的趋向

在信息时代，网络已成为人们获取信息的重要来源，图书馆的网络化、数字化是图书馆未来发展的必然趋势。怎样有效利用互联网以及数字资源满足读者需要，让读者以快速、简单而经济的方式获得他们想要的信息资源，是信息时代图书馆服务的重要工作。经过分析，本书认为新环境下高校图书馆服务的趋向主要表现在以下方面。

（一）利用开放获取资源开展网络信息导航服务

图书馆有自己的网站，读者通过网站的导航栏查询需要的信息。图书馆要及时增加或修改导航栏的框架和层次系统，以方便读者查询到最新信息。同时，图书馆应该将常用信息资源、数据库以及专业知识进行总结汇集，方便读者查找。

（二）个性化服务

个性化服务彰显时代的特色，也是人文精神的体现。高校图书馆应根据不同用户需求设定个性化服务，可以采用通过电子邮件的方式向用户发送书刊等个性化的主动服务。用户可以在网络上定制所需服务，也可以收集归纳常用信息资源，还可以阅读图书馆服务项目以及更新后的内容。

（三）网络化知识服务

网络化知识服务是相对于图书馆实体店面服务而言，是实体服务的延伸。它是建立在互联网平台和丰富的信息基础之上，以满足用户需求为目标，参考用户意见，帮助用户找到所需信息，解决有关问题的增值服务。互联网知识服务具有个性化、专业化以及全球化的特点，它是一种主动服务。

（四）学科化服务

学科化服务是一种系统化服务，针对用户需求以学科馆员为主利用图书馆信息资源，建立教学和科研一体的新型服务模式，旨在向用户提供知识化、专业化的个性服务。

学科化服务是信息时代图书馆延伸服务的一种重要形式，它对促进图书馆改革、提升服务水平、体现图书馆新形象、提升图书馆价值和地位有着重要作用。

学科化服务依靠图书馆该学科的资料信息服务专家来实施，他们拥有该学科丰富的专业知识。他们主要负责对某一学科信息资源进行评选和服务，职责有资料信息建设与服务、信息素质教育等。

（五）应用新技术服务图书馆，与用户建立完善的沟通渠道

互联网技术的迅速发展，为图书馆的发展带来了技术支撑。很多图书馆通过开设微信公众号、微博的形式发布信息、提供咨询，逐渐建立了与读者之间的良性互动。这样图书馆信息可以快速方便地传播出去，扩大了图书馆的影响力，有效促进了与读者的沟通交流。

此外，许多高校图书馆已经开始将微信、博客、Lib2.0、手机图书馆、移动图书馆等理念与技术应用到图书馆服务中来，为图书馆完善服务内容、产生新服务点创造了很好的实践经验。相信会有越来越多的图书馆加入这一进程中来。

四、高校图书馆现代化设备与技术的应用

（一）自助借还系统

自助服务是图书馆服务的一部分，它是读者不借助馆员而通过相关设施完成资源查询的一种形式。它的特点是节省时间、不用等候或者不用泄露个人信息等。

目前在我国相当多的高校图书馆都使用了图书馆自助借还系统，当流通太多或读者觉得更方便及有必要保护自己隐私的时候，即可使用该设备进行自助借还书。

（二）移动图书馆设备

移动图书馆由汽车图书馆逐渐演变而来。但在信息高度发达和通信设备全面普及后，移动图书馆渐渐发展成用户将电子出版物等数字资源转移到可移动设备上的一种服务形式。随着互联网的快速发展，用可移动终端设备如手机接收图书馆服务已经成为移动图书馆新的服务模式。这些诸如手机之类的可移动设备在用户和图书馆之间架起了信息资源沟通交流的桥梁，进一步拓展了移动图书馆的内涵。

当前移动图书馆大多通过智能手机查询图书馆资源信息，然后进行阅读使用。移动图书馆是先进的通信技术与图书馆相互融合的科学技术产物。它在保持原有图书馆服务的基础上，通过互联网的参与，实现了服务的扩展与延伸，也是一种数字图书馆的表现形式。

（三）座位管理系统

信息科技的发展对校园产生了深刻影响，校园一卡通与图书馆系统的互联更加强化了图书馆的服务功能。在这个基础上开发出的一套图书馆自习区、阅览区座位管理系统，实现了座位资源的自我管理，提高了管理人员的工作效率，科学合理地解决了长期以来困扰许多高校图书馆的读者占座问题。图书馆座位管理软件的成功开发与实施，有效解决了高校长期无序的占座状态，这充分说明高科技对促进图书馆建设、文明读者的培养以及和谐阅读环境的创造具有积极而现实的意义。

第四节　图书馆信息素质教育探索

一、加拿大图书馆信息素质教育活动类型

（一）图书馆新生教育

加拿大高校图书馆的新生教育内容与方式因学校要求、资金能力不同表现出了一定的差异。有的学校只在图书馆网站发布电子版的使用说明，有的是文字说明，有的是视频说明。有的学校不仅会在网站发布使用说明，还会组织讲座，甚至还会引领学生参观图书馆，教授学生如何利用数据库检索文献，告诉学生图书馆的具体使用方法。

（二）图书馆一站式课堂教育

在加拿大的高等院校中，图书馆一站式课堂教育是最常见的信息素质教育模式，其具体应用方式为：教师以自己的教学任务为依据，要求图书馆开展信息素质教育的人员向学生传授文献目录的使用方法、与教学任务相关的数据库使用技巧等，时长为1~3个小时。为提升信息素质教学效果，保证学生真正地掌握文献检索、数据库的使用技巧，负责开展信息素质教育的人员经常在计算机实验室开展教学活动，让学生上机操作，激发学生的学习兴趣，切实提升学生的实际操作能力。

因为信息素质教育课程的需求不断增加，为了提升教学效率，部分高校的图书馆根据文献需求情况将教学内容制成课件，上传到学校的课程教学管理系统，归入各类教学模块，方便学生随时学习相关知识，提升自己的文献信息检索与利用能力。

（三）图书馆课程整合信息素质教育

课程教师与图书馆负责开展信息素质教育的人员合作，将信息素质教育纳入专业课程体系。这种信息素质教育的模式虽然效果很好，但操作起来非常复杂。

一直以来，信息素质教育就很难融入其他的课程教学体系，二者的融合不仅需要图书馆与各院系具备长期合作的基础，双方教师能有效沟通，而且对学校的教育管理机制提出了很高的要求。所以，将信息素质教育融入专业课程教学需要图书馆、学校的教学管理部门、院系通力合作、相互配合。

将信息素质教育与院系课程教学相结合，不仅能激发学生的学习兴趣，还能为课程教学提供充足的文献，不仅能提升专业课程和信息素质教学的效果，还能让学生全面掌握知识，提升学生利用知识解决问题的能力。

（四）学分课程

信息素质教育学分课程目前在加拿大高校中比较少见，2000 年只有不到 9%的高校开设，2006 年全加拿大高校中只有 40 门学分课程，到 2008 年则锐减到 21 门。信息素质教育以学分课程单独开设对于图书馆来说不仅便于管理与教学，也能提升图书馆教学科研与服务水平，有助于图书馆在学校中的地位与影响。但是这种教学类型不能很好地与其他专业课程任务相结合，很难调动学生的学习兴趣与主动性，教学效果只能因馆或因校而异。比如，莱斯伯里奇大学(University of Lethbridge)图书馆的学分课程“Library Science 2000；Library Research And Information Systems”(图书馆学 2000：图书馆研究与信息系统)就是一门教学效果不错的信息素质教育课程。该课程始于 1986 年，3 个学分，对于理工科学生是一门必修课，对于其他学科学生则是选修课。一学期授课 48 学时(3 学时/周)，教学内容主要是不同类型与学科数据库的信息识别、检索与利用理论与方法，在线目录、数据库、电子期刊与用户检索行为的最新信息发展动态等。另外还有阿萨巴斯卡大学(Athabasca University)的 3 学分的选修课“信息系统 200”(Information System 200)，道格拉斯学院(Douglas College in B. C.)的 1.5 学分的选修课“LIBR1111”，等等。

（五）暑期教育活动

为了让新生在新学期能更好更快地适应学校的各种教学环境与教学资源，加拿大有的大学利用时间较为宽裕的暑假期间对已注册的新生展开学前教育，其中就有图书馆的教育项目。这种教学项目在很多大学里是由学生自行选择的，但由于参与的学生人数较少，没有广泛开展起来。目前做得比较好的大学是特里特大学(Trent University)，该校“University Prep101”(大学学前教育 101)是一门非学分课程，但是要求所有新生在入学前利用网络教学环境完成该课程的教学，图书馆对新生的入馆指南与文献使用等信息素质教育基本内容就通过该馆网站上的“图书馆技巧项目”让学生在网上自主学习，并通过网上提交与自测完成图书馆的学前教育。目前该图书馆对新生的信息素质教学内容主要有“如何利用图书馆目录开展基本检索”“如何查找网上期刊”“如何阅读与识别学术文章”三项内容。另外，2006年，多伦多大学(University of Toronto)图书馆也在暑假期间利用两天时间对新生集中展开图书馆教学活动，由于教学效果与影响不错，受到了加拿大图书馆协会(Canadian Library Association)的嘉奖。

（六）在线(网上)图书馆教育

计算机网络教学与学习活动的不断深入与普及，各种电子信息资源的成倍递增，大学学生人数的不断增长，教育经费的削减以及图书馆优秀教学人才的缺乏等因素，促使加拿大越来越多的大学图书馆把信息素质教育活动电子化、网络化、便捷化，最明显的表现方式便是几乎所有的图书馆都不同程度地利用在线或网上图书馆教育的方法对读者进行信息素质教育。图书馆教学内容可能仅仅是以阅读式的Word、PDF、PPT格式文件供读者阅览，也可能开发出交互式界面且主题多样、形式各异的教学软件让读者自主学习，或二者并用。绝大多数大学图书馆开展的网上教学，其教学内容的链接与发布并不要求学生必须学习，随意性很大，而且教学主题一般不针对课程具体内容，相关性稍差，所以教学效果并不如其他类型，但是简单、方便，是其他信息素质教育活动类型的有效补充。比如圭夫大学(University of Guelph)图书馆在其主页上不仅有“在线指南”(Online Tutorials)，里面包含了图书馆一般使用指南的Flash文件、不同数据库使用操作的Flash文件、文献信息基本检索技巧Word文件以及Ref Works参考文献引文工具的使用交互培训软件等，而且还就学校不同学科专业以及一些课程在“学科与课程指南”(Subject &Course Guides)里链接了123个学科、69门课程的文献信息检索利用html文件，每一个文件不仅有文字指导说明，而且通过输入账户密码，可以进一步链接到学科或课程所涉及的数据库或网站，供学生及时检索与使用，极大地方便和丰富了学生的学习研究活动。

二、对我国信息素质教育活动的启示

我国信息素质教育活动开始于20世纪80年代高校图书馆开设的文献检索与利用课程。目前，有文献检索课(学分课)、新生入馆教育、在线(网上)图书馆教育、讲座培训四种类型。加拿大高校中教学效果最好、最受学生欢迎但挑战也最大的图书馆课程整合信息素质教育在我国尚未开展。尽管如此，该教育活动类型充满发展动力与潜力，有待不同高校图书馆做进一步的开发与推动，其教学活动经验也值得我国思考与借鉴。

（一）加强图书馆与院系的沟通与合作

信息素质教育与其他课程进行整合教学需要学校教学主管部门、院系、图书馆三方密切配合。有的院系教师对信息素质教育的重要性认识不足，如果让图书馆人员参与课程整合教学，他们就会认为这是对课程教学活动权威性的一种威胁，而图书馆教学人员同时也能感受到自己在整个教学活动过程中的从属地位与劣势。在加拿大，使信息素质教育成为学分课程是图书馆梦寐以求的目标。在我国，部分高校图书馆历来就把信息检索课作为学分课，这不能不说是我们的一个优势所在。当然如果能结合专业课程的需求，部分或有选择地进行整合教学，让信息素质教育方式多样化也不失为一种有效的尝试。

（二）应用课程管理系统 CMS 促进课程整合教学

我国很多高校并没有采用课程管理系统 CMS 进行教学与管理，图书馆教学人员任务繁多，很大程度上制约了课程整合教学的发展进度。在加拿大的整合教学案例中，很多图书馆教学人员一般担任教学与参考咨询工作，他们感到，即使是应用 CMS 与院系教师合作开展整合教学，也要不断更新教学内容，配合课程的教学进度与学生作业需求，适时进行信息咨询辅导与问题解答，因此非常耗时耗力。我国大学较加拿大的大学来说，班级学生人数偏多，教师没有或少有 CMS 教学经验，很多图书馆教学人员身兼数职，既要做教学、参考咨询工作，还要帮客户进行查新、课题检索，有的还要搞科研并培养指导研究生等，在非 CMS 环境下，再让他们适时更新与维护教学内容，并对班级学生进行专门的信息咨询指导，显然是力不从心的。从教学质量上来看，这将会是一个严峻的挑战。近年来，我国大学教育顺应时代发展，已逐步应用各种 CMS 展开教学工作，全面普及课程管理系统将很快会成为现实，这将为图书馆开展课程整合教育提供良好的机遇。

（三）改革教学内容与评估体系

我国信息素质教学内容与学生信息需求脱节，教学效果缺乏规范化的评估指导体系。长期以来，文献检索课一直是我国高校实施信息素质教育的一个主要方式，但教学内容主要放在“检索”上，在文献信息的选择评价、合理应用以及与学生作业或研究项目结合并实施教学等方面，还显得很薄弱。课程教学没有充分考虑到院系学科专业课程任务或研究项目的文献信息需求。另外，信息素质教学的效果主要是通过检索课上学生的理论考试或作业成绩来反映，评估渠道单一、片面且随意性很大。因此，参考其他发达国家如美国高等教育信息素质能力标准评估体系，结合我国大学教育的实际情况，制定规范化的具有可操作性的信息素质教育评估体系将是一个重要而迫切的任务，这也必将推动我国信息素质教育水平的进一步发展与完善。

三、信息素质的内涵

在信息社会，知识和信息已经成为推动经济发展和社会进步的主导因素和根本动力，而信息素质，也日益成为影响人们生存和发展的基本素质之一。作为信息时代的大学生，其信息素质能力的高低，不仅决定着其个人的生存和发展状况，还深刻地影响着整体国民素质的提升，进而影响国家经济社会发展的历史进程。纵观学界对大学生信息素质的研究，可以把其内涵归结为：信息意识、信息知识、信息能力和信息道德。正是基于大学生信息素质的重要性，目前国内各高校争相把信息素质教育列入学校的整体教学计划，以全面提升大学生的信息素质。对图书馆来说，把信息素质教育纳入自己的工作范畴，既是机遇又是挑战。

四、高校图书馆对大学生开展信息素质教育的依据

高校图书馆对大学生开展信息素质教育，既是学校信息素质教育体系的重要组成部分，也是图书馆拓宽服务领域，提升服务水平的重要体现。从图书馆的发展历程来看，开展信息素质教育，不但反映了信息社会的现实需求，还是图书馆发展规律的客观要求。从实践上来看，图书馆开展信息素质教育，是高等教育改革与图书馆工作的实际需要，既有理论和政策依据，更有实例佐证。

（一）理论依据

印度著名图书馆学家阮冈纳赞在其《图书馆学五定律》中指出，图书馆的

精神实质就是“图书馆是全球性的教育工具，它汇集和自由流通着所有的书籍，借助它们传播知识。”这说明图书馆的基本职能就是对读者进行教育和传播知识。“图书馆学五定律”从读者、图书馆员、书和图书馆的发展规律等多个侧面证实了图书馆对大学生开展信息素质教育的必要性和可行性。在我国图书馆事业史上，梁启超做出了巨大的贡献。他不仅是我国近代图书馆事业的倡导者和践行者，先后创办了万木草堂书楼、强学会书藏和松坡图书馆等，还对近代图书馆的理论和方法进行了系统的研究。1899 年 6 月，他在《清议报》第 17 期发表了《论图书馆为开进文化一大机关》一文，系统地介绍了图书馆的八项社会职能。其中“图书馆使现在学校教育之青年学子，得补其知识之利也；图书馆储藏宏富，学者欲查故事，得备参考之利也；图书馆有使阅览者，于顷刻间，得查数事物之利也”，充分揭示了图书馆具有普及知识、培养人才的教育职能，也为现代图书馆服务于教学、科研服务和开展信息素质教育奠定了理论基础。李大钊先生在从事图书馆工作的同时，对图书馆事业的理论也进行了深入研究。他对高校图书馆的性质和作用进行了精辟的论述，指出高校图书馆是传递知识、传承学术、为教学和科研服务的机构。他还提出了“图书馆和教育有密切的关系，与社会教育更有关系”，“图书馆教育是关系中国图书馆前途的事情，也是关系到中国教育前途的事情”的论点。高校图书馆具有教育的作用，有力地支持了现代图书馆开展信息素质教育实践。

（二）政策依据

中华人民共和国成立以来，党和政府高度重视图书馆事业，并对高校图书馆的信息素质教育职能进行了明确的规定。1956 年，教育部召开了第一次高等学校图书馆工作会议，明确了高校图书馆为教学和科研服务的任务。1981 年颁布实施的《中华人民共和国高等学校图书馆工作条例》(以下称《条例》)，进一步明确了高校图书馆是学校教学和科研的重要组成部分，并应积极开展参考咨询、情报服务和传授文献查询方法等相关工作。1987 年，修订后的《条例》更名为《普通高等学校图书馆规程》，在第二条就规定高校图书馆必须履行教育职能和情报职能，开展用户培训。2002 年，《普通高等学校图书馆规程(修订)》颁布实施，第二条规定“高等学校图书馆必须贯彻国家的教育方针，履行教育职能和信息服务职能……”，第三条规定高校图书馆的主要任务之一是“开展信息素质教育，培养读者的信息意识和获取、利用文献信息的能力”。自 1984 年起，教育部先后印发了《〈关于在高校开设文献检索与利用课的意见〉的通知》《〈关于改进和发展文献课教学的几点意见〉的通知》《〈关于文献检索课教学基本要求〉的通知》等相关文件，要求高校图书馆必须开设文献检索课，并对课程的基本内容等进行了明确的规定。2000 年，全国高校图工委又将不定期召开的“文献检索课研讨会”更名为“信息素质教育研讨会”。至此，由图书馆开设的信息素质教育课在全国高校中普及开来，并在一定程度上成了学校教育的有机组成部分。

（三）实践体现

自 1981 年《条例》实施以来，高校图书馆的信息素质教育职能经历了培训文献查询方法、开展文献检索课到开设信息素质教育课的过程。通过对国内高校的网络调查，大部分本科院校都开设了文献检索课或者信息素质教育课。在实施过程中，各高校图书馆按照相关文件的要求，根据本校的实际情况，制定了各具特色的信息素质教育模式，如北京大学图书馆的“网上教室”、清华大学图书馆的“Internet 教室”、信阳师范学院图书馆的“新生入馆教育——信息素质教育”模式和直接嵌入课堂教学的模式等。经过 30 多年的发展，信息素质教育课逐步由选修课向正式课程进军，在个别学校甚至被评为精品课程。该课程的普遍开展，极大地提高了大学生的信息素质，有力地促进了教育和科研事业的进步。

五、高校图书馆信息素质教育模式存在的问题

经过多年的探索与实践，我国高校图书馆的信息素质教育取得了一定的成绩，形成了可行性较强的教学模式。高校图书馆通过实施上述模式，让学生的信息能力得以大幅提升，让学生可以更好地开展创新性学习与研究。但具体来看，我国现在实行的这些信息素质教育模式存在诸多问题，学生的信息素质培养很难达到预定目标。为此，高校要想进一步提升信息素质教育的效果就必须解决这些问题，让信息素质教育模式变得更加科学、合理。

（一）教育主体单一，信息思维狭窄

之所以将图书馆确定为大学生信息素质教育的主体，主要是因为图书馆具有先天的资源优势。但在实际教学过程中，开展信息素质教育的教师基本固定，导致教学模式、教学内容、信息思维基本不变，使得大学生的信息思维受到一定的束缚，信息素质无法得到切实提升。另外，在高校教育体系中，图书馆处于辅助

地位，很难与相关部门达成协作，使得教师、学生对图书馆发起的信息素质教育不重视，使信息素质教育的效果受到极大的不良影响。

（二）教育内容单一，信息理论缺失

现如今，高校图书馆发起的信息素质教育的课程内容没有全面覆盖信息素质的内涵，缺乏信息理论的教学内容，课程内容比较单一。具体来看，目前高校的信息素质教育只是简单培训学生的文献检索技能，没有涉及信息知识、信息意识、知识产权、信息道德等方面的知识与技能。在此情况下，学生只能学到文献检索技能，信息素质无法得到全面培养。

（三）教育对象缺少层次性和个性化

图书馆掌握的教育资源有限，所以会将学生视为一个整体开展信息素质教育，这种做法诱发了两大问题，第一，信息素质教育内容单一，广度、深度都不够；第二，图书馆无法开展个性化的教学活动，教学模式一成不变，课程气氛沉闷，不仅无法激发学生的学习热情，还会使学生产生厌烦情绪，不愿意参加信息素质教育课程，使得教学效果不佳。

第五节　图书馆信息素质教育的优势与问题

现代社会，随着网络科技的不断发展和进步，信息素质教育已经成为当代大学生教育的重要内容。大学生必备的基本信息素质能力主要指的是正确地辨别信息需求，能够对信息进行准确的定位、评估和应用的能力。信息社会发展迅速，信息资源种类纷繁复杂，信息素质的重要性越来越凸显。现代信息社会，人们生活、工作的各个角落都充斥着丰富的信息资源，人们时刻都面临着各种选择。人们可以通过网络、图书馆、社会资源等多种途径获取信息资源；同时，信息的种类和格式也日益丰富，这让人们接触到的信息更具真实性、有效性；除此之外，信息的表现形式也从传统的文本转变成图画、声音、图像等，这也有助于人们更加准确地评估和理解信息的真实价值。以上这些都对公民的信息素质提出了一定的要求。

一、信息素质教育的主要内容

信息素质指的是人们在对信息技术和导航方法有了一定程度的掌握之后，准确地理解、评价和应用信息，最关键是要对信息进行严密细致的推理和观察。信息素质的提升有助于终身学习的实现。信息素质在各个学科领域、环境和级别的教育过程中都发挥着重要的作用。信息素质可以帮助人们更加准确、迅速地掌握所学知识，并在这个基础上进行适当的扩展，让人们越来越自律，控制自己在学习过程当中的态度和情绪。现阶段的信息素质教育主要涉及三个方面的内容，包括信息信息技能、信息意识以及信息道德，三者之间的主要区别点在于每一部分内容具体指标的界定。

（一）信息意识

信息意识体现的是人们对外界客观存在的信息资源和活动的主观感知能力，它是信息资源得以开发并发挥价值的重要动力，人们获取信息的行为和能力受到信息意识的支配。一个人如果拥有较强的信息意识，就能够认识到信息资源对社会发展的影响，并准确筛选出有价值的信息资源，这样才能更好地适应外界变化的社会环境，根据时代需求调整自己的状态。信息意识的表现主要是对信息有强烈的需求动机和敏锐的观察力。

（二）信息技能

信息技能是指主体根据信息需求有效获取、评价、选择、利用信息过程中所需要的基本技能。信息技能是信息意识的外在表现形式，也是满足信息需求的基础，信息技能是每一个高素质信息人才必不可少的能力。从信息过程的角度看，高素质信息人才必备的信息技能主要包括以下几个方面：能够详尽全面地描述信息需求；能够用恰当的方式获得需要的信息资源，能够准确客观地对已有信息进行评价；能够将最有价值的信息资源整合到自己的知识构架当中；能够充分利用信息完成某些任务。

（三）信息道德

信息活动的每个环节都需要信息道德来进行规范，它的作用主要是调节信息生产方、服务方以及使用方三者之间的行为，其中，使用者的信息道德是尤为重要的。信息道德主要由以下几方面内容组成：掌握与信息技术有关的法律法规、伦理问题。在对信息进行存储和应用时要严格遵守相关的政策和法律法规。例如，在存储信息资源时，要使用经过许可的口令或者 ID 形式；在使用信息资源的过程中，要确保资源、系统、设施设备的完整性；在法律允许的范围内进行信息的存储、传递和处理。要对信息资源进行合理的归誊处理。

二、大学生信息素质现状

当代大学生的综合素质包括创新素质、文化素质、品德素质、身体素质、心理素质等多个方面，其中，身体素质、心理素质是综合素质的基础，文化素质是综合素质的核心。这些素质共同组成了大学生基本的素质结构，它们相互协同，相互促进，并随着现代社会的发展进步不断调整。信息素质作为文化素质的一部分，在综合素质提升方面发挥着越来越重要的作用，逐渐成为综合素质评定的重要参考。现代社会需要的不仅仅是高水平的专业人才，综合素质高的复合型人才越来越受到社会的认可和欢迎。知识的学习是终身的过程，学校教育只是其中的一小部分。信息素质的提升能够帮助学生更好地查询、获取和使用信息，有助于培养他们的自主创新能力，提高整体素质，为终身学习奠定基础。虽然很多高校都已经开展文献检索的相关课程，但是课程的深度和广度还有待进一步提升，主要体现在以下几个方面。

（一）信息意识淡薄，信息能力不强

目前，很多高校学生对信息的重视程度不够，信息知识匮乏，信息能力差，信息反应迟钝，对学校开设的检索课程缺乏正确的认识，甚至放弃该门课程的学习。在学习时，不能熟练掌握和应用检索工具完成资料的查找和收集，对信息的评估和分析能力欠缺。此外，与个体差异有关。地域和教育背景对信息素质的提升也有一定的影响。对于很多高校学生而言，馆藏图书或者期刊仍然是他们获取信息资源的主要途径。数据显示：超过 70%的高校学生对信息教育没有明确的认识，大约 60%的学生甚至从来没有接触过文献检索课程，有 89%左右的学生没有掌握报刊索引的能力。对于很多学生来讲，电子阅览室的作用不是帮助他们获取信息资源，只是看电影、玩游戏的场所而已，很多学生无法抵御网络上的垃圾信息，正确对待信息污染。以上这些现象都证明很多现代大学生精神世界空虚，价值追求的方向存在偏离，缺乏良好的自控能力。除此之外，还说明了部分高校学

生对待学习缺乏正确的态度，不思进取，缺乏明确的学习目标，对信息的利用效率不高，没有充分认识到信息素质的重要性。

（二）信息素质教育形式单一

信息素质教育在我国的起步较晚，主要形式还是以传统的文献检索为主。目前很多国内高校有关文献检索的课程相对较少，甚至并未开设文献检索课程，而且多数为选修课程，这导致学生的素质教育无法顺利开展。

（三）信息素质教育条件滞后

随着高校教育的不断发展进步，教材和参考书已经无法满足现代教学的需要，网络和多媒体教学的出现对文献检索教材提出了更高的要求。从实际情况看，我国高校的信息素质教学并没有一致的教学材料和参考书籍，目前所用的教材都是学校自己选定的，无法保障教学质量，而且只有少数学校开设了远程教学，多数学校的信息素质教学都是通过简单的多媒体教学或者是沿用传统的教学模式来完成，教学设施有待进一步提高。除此之外，文献检索实习课程并没有配套的计算机设备，学生不能将网络资源充分利用起来，教学的效果相对较差。

三、大学生用户对高校图书馆信息需求的特征分析

大学生群体是高校图书馆的主要服务对象，他们需要的信息不仅数量大，涉及的学科领域也比较广泛，他们所需要的信息特征受到学科专业、文化水平、兴趣爱好、社会环境等多种因素的影响。通常来讲，对于所有信息机构和系统来说，信息用户主要包括当前用户和潜在用户两种。其中，当前用户指的是利用信息系统提供的信息服务的用户，潜在用户指的是应该利用该服务但是并没有利用的用户。目前来看，用户的信息需求主要包括真实的、意识到的信息需求以及表达出来、没有表达出来的信息需求四种。接下来就以大学生为例，简要地介绍一下信息需求的基本特征。

对于大一新生来说，他们刚刚开始大学校园生活，周围的环境和图书馆的信息资源对他们都具有很强的吸引力。在阅读活动中，他们多数没有清晰的目标，不知道自己需要看什么书籍，阅读过程相对盲目、随意，并具有隐藏性。经过一段时间基础知识和专业知识的学习之后，他们对周围的环境渐渐熟悉。这时，他

们会在阅读大量教科书的同时，选择阅读很多科普性质的书籍资料。在这个调整的过程中，由于学生的信息素质差异较大，在获取图书馆资源特别是数字资源时，就会受到“摩尔定律”的影响，导致很多学生从开始的不习惯甚至拒绝利用图书资源转变为图书馆信息资源的潜在用户。

对于大学二、三年级的学生来说，他们已经完全适应了大学阶段的学习和生活，心理素质慢慢成熟。在获取图书馆信息资源时，除了想要扩展自己的视野，巩固自己的专业知识，加深对专业的了解之外，他们在专业学术方面有了自己独特的想法。随着自学能力的不断提高，课堂知识已经不能达到他们对信息的需求。这时，他们会积极主动借助图书馆资源满足自己的信息需求，所以，他们的阅读目标是相对清晰的，阅读活动更加有针对性、自觉性，阅读内容也更加广泛深入。没有意识到、没有表达的信息需求是大学一年级学生的特征，意识到的、表达出来的信息需求则主要是大学二、三年级学生的特征。不过由于信息选择能力的欠缺，大二、大三的学生在获取信息资源时很容易受到“马太效应”的影响，关注的焦点主要是学术名人和核心期刊等。

对于大学四年级的学生来说，经过大学阶段的学习，他们已经掌握了全面的专业知识和部分专业技能。信息需求主要来源于他们需要完成的毕业设计、论文撰写以及求职、考研等方面。他们不仅需要获取教师提供的参考书籍，还要扩展自己的阅读范围，对课外书籍和期刊都有一定的需求。毕业生的信息需求具有研究性和社会性两个方面的特征。通常情况下，他们会在获取并筛选信息后提出自己对信息的具体需求，同时，获得文献信息的渠道也变得更加灵活丰富。

四、高校图书馆在大学生信息素养教育中的优势

近年来高校图书馆在自动化、数字化、网络化建设方面有了长足发展，拥有了良好的信息环境和硬件基础，以及丰富的文献信息资源，这为图书馆进行信息素质教育提供了物质基础。高校图书馆拥有一批受过图书情报学、信息管理学、计算机网络等专业教育的高素质的馆员队伍，能够在大学生信息素质教育中发挥他们的作用。图书馆是人学生信息活动的重要场所，又是学习和实践其信息素养的场所，图书馆开展信息素质教育有其他部门不可替代的优势。

图书馆开展信息素质教育的优势表现在：①信息环境优势。图书馆与各种信息紧密相连，它提供各种信息的搜集、整理并提供服务。②信息技术及人才优势。先进信息技术在图书馆的应用，图书馆不仅是高校信息的获取点，还是各种动态的信息门户，并已成为进行信息检索的实验室。③资源优势。图书馆拥有大量的

文献信息资源，它不仅能为读者提供丰富的知识，而且还为读者提供独立学习、独立思考与研究、自我教育的良好条件和环境。

教育部2002年颁布的《普通高校图书馆规程》(修订)总则第三条对图书馆的工作任务提出了明确的要求：“开展用户教育，培养用户的信息意识和利用文献信息的技能，成为素质教育的基地。”因此，图书馆有责任也有义务充分利用其优势，结合其工作性质对大学生开展一些切实可行的信息素质教育。

五、高校图书馆在信息素质教育中的问题

（一）高校图书馆在信息素质教育过程中陷入“技术”误区

2002年，教育部颁发的《普通高等学校图书馆规程(修订)》明文规定，图书馆的主要任务是“开展信息素质教育，培养读者信息意识和获取、利用文献信息的能力”。信息素质教育的重任落在图书馆，一方面说明了信息素质教育是21世纪信息时代的迫切需要，另一方面表明高校图书馆具有担负信息素质教育的能力和条件。我国信息素质教育研究与实践已经开始起步并且发展势头非常猛烈。这是因为，一方面，由于面临信息社会和知识经济时代，为了适应信息社会的发展和需要，迫切需要培养大学生的信息素质，从而迅速提高他们吸收、运用信息的能力；另一方面，这是信息素质等教育源于信息技术这一显性学科发展的必然所致，相对于文化素质、思想道德素质教育内容，其效用在目前的信息环境下是最直观的。信息素质教育也因此成为这个时代对高校图书馆所提出的必然要求。信息素质教育是素质教育向全社会延伸并得以持续终身的保障，是信息社会的产物。重视强调信息素质的培养毋庸置疑。通过对中国知网学术论文初步统计，近10年来，有关素质教育的论文近3000篇，有关高校信息素质教育的有1000多篇，而其他相关素质的论文数量多处于100到300多篇之间。还有一点值得提出的是，在核心刊物上出现的非信息素质教育文章篇幅那就更是屈指可数了。这些数据从一个侧面反映出图书馆学术界以及高校图书馆在素质教育过程中的重文献利用技术培养、轻其他相关素质教育的特点。

（二）高校图书馆重读者信息能力的培训而轻知识服务的转化

图书馆的信息检索室以及导读室可以有效地培养读者信息获取的能力，同时，

一些功能室的建立也是为了方便读者进行知识以及文章、文献的索引和获取。但是从另一个角度而言，图书馆在提供这些服务之余没有真正帮助读者进行知识以及信息的转化，以至于图书馆不能客观地针对读者的使用情况进行系统评估和分析。图书馆缺少对读者使用后效果的分析以及评估，以至于无法针对结果进行改进和提升，长此以往便会造成服务质量的下降，从而影响读者的阅读体验以及服务感受。当前的现状是读者的知识转化以及素质教育仍然依靠自身学习或者其他教育机构。对此，图书馆的信息素质教育服务还需继续提升。

（三）高校图书馆对影响信息素质培养的因素缺乏深层思考

现有的信息素质教育都是围绕着意识、道德以及技巧来展开的，即如何进行读者的信息意识、信息道德以及信息技巧的培养。那么何为信息意识呢？简而言之，就是人们通过信息的传递以及获取来产生对社会以及世界的认知和感悟，并且通过对社会以及世界的感知来辨别有益的信息，这就是信息意识的体现。想要拥有信息意识，首先需要人们积极去探索各种事物之间的联系以及行为，通过不断地思考和研究去进行总结，这也体现着人类的思考能力以及学习能力。“信息道德”顾名思义，道德是人类正确的人生观以及社会观产生的基础。同时，信息道德也代表着人类具有正确的价值观取向。“信息技巧”通俗来讲，技巧代表着人们在做某件事的一种能力，在信息技巧中体现着人们在进行信息获取时所表现出的实践能力。但是纵观我国目前高校图书馆的信息素质教育，却发现其不能做到最优，在素质教育中只是将信息能力培养作为主要中心，而没有强调信息意识以及信息道德和信息技巧的培养。如果要想提升，除了应该开展一些读者讲座以及信息培训之外，还应加强读者综合素质的培养。

（四）高校图书馆对大学生信息需求心理缺乏理解

现有的高校图书馆中所提供的信息服务项目很少涉及高校教育中的一些具体教学方法以及教学模式等。虽然现在有很多高校图书馆有单独设立的学科服务中心，但是其在进行服务的过程中没有和学生进行太多的交流，也没有太多关于教学科研的研究和总结。其实图书馆所提供的一些服务表面上看很具有创新力以及吸引力，但是从实际角度看，对学生并没有太多的吸引力和用处，如文献传递服务以及课题查新等服务。学生更希望通过图书馆的服务来为自己带来阅读价值，如根据所学专业进行导读索引，或者通过不同的专业以及兴趣爱好来索引不同的素质培养类信息等。

第六节　高校图书馆信息素质教育与大学生创新能力的培养

21 世纪是一个集知识和智慧于一体的全新社会，是一个信息社会，要在这个社会立足的人才需要同时具备明确的奋斗方向、优良的道德素质、完整的知识系统和优异的操作能力。对于在校大学生而言，想要在这个全新的社会中立足，做国家的栋梁之材，就必须掌握信息素质的所有知识。高校的图书馆作为学校文献情报中心，肩负着教育和情报信息服务的双重职能，其潜移默化的教育职能具有其他部门无法替代的作用。所以说，当今的大学教育所面临的重要问题就在于应该怎样让大学生的信息素质和当今社会的发展达到同一高度，这也是各大高校图书馆急需解决的一个问题。

一、信息素质教育对学生创新能力培养的意义

创新能力的培养在于让学生从发现问题、分析问题、解决问题的过程中提出新假设、开创新事物、发现新生活。随着社会的不断发展，信息技术的发展与应用水平也在不断提升，在很多学科领域中，网络系统可以提供大量的信息资源和数据。无论是自然科学领域还是社会科学领域，它们在研究过程中所拥有的创新都离不开信息技术的支持。因此，在这个信息迅速发展的时代，各大高校对学生素质教育的培养可以扩展到对学生创新能力的培养，让学生能够提出新假设、开创新事物，达到素质教育的目的。我们可以想象，如果一个人连简单地用信息技术处理资料都无法完成，那么对于那些复杂的信息资源处理就更加有心无力了；反之，如果学生的信息处理能力较强，那么在学习和工作中的创新能力就会更强。

二、教育内容和形式的发展演变对信息教育的要求

教育内容和形式的发展演变对信息教育提出了更高的要求。随着时代的进步

和科学的迅速发展，各种各样的创新想法和创新技术产品接二连三地出现在我们生活中。高校图书馆也发生着巨大改变，在传统模式上，它的主要功能是文献储存和借阅，而现在，它除了可以提供资料和信息数据以外，还可以培养学生的信息素质能力。以提高大学生对文献检索、查阅、筛选、分析和应用能力为目的，为大学生的自主性学习打下了坚实的基础。在特定的环境中，可根据大学生对知识和信息的不同需求，有针对性地对信息进行加工和重组，为大学生的不同需求提供足够的帮助。随着高校师生对文献资源信息需求不断增加，图书馆工作由传统的被动提供服务转变为主动为学生提供服务，对信息进行分析，综合得出有用信息，让学生能够快速找到解决问题的方法。图书馆的转变让信息素质教育在学生中得到广泛传播，让学生对信息素质教育产生更深刻的了解。不同年级、不同专业的学生对知识有不同的要求，对信息的需求也有所不同，因此信息素质教育的方式也应不同，例如：对于大一的新生而言，首先要对他们进行入馆介绍，对图书馆的概况和借阅常识进行介绍；对大二大三的学生而言，学生主要学习文献检索查询、数字图书馆和数据库的使用方法等；而对大四和硕博士的高年级的学生而言，图书馆对他们的主要作用是进行数据的深度查找和信息的高级应用等。

三、以择优培养为目标的教学模式改革

对信息教育的实施，需要有一个中长期的规划，然后要与教育管理部门相互协调，秉持优良的教学理念，以取得优质的教学成果。

（一）以择优培养为目标的教学模式改革构想

以择优培养为目标的教学模式，主要是从在校大学生中选择一些优秀的学生来接受培训，培训方式有：加入各种科研团队、担任科研导师助手等，把信息教育资源综合起来，让优质的师资力量能够帮助优秀的学生进行学习。还可以在图书馆的工作团队中，成立一个联合性的专家指导性小组，以培养硕士生的条件为标准，来培养在校的本科优秀生。在重点培养的优秀学生中，可以有一个引导作用，让其他的学生迅速参与到这个信息素质教育中，以实现全面提升学生信息素质的目标。

（二）以择优培养为目标的教学模式改革的实施

首先是选取择优培养对象。从一些掌握了一定的基础知识、有专业基本素质

的大学生中选取专业课成绩优异并且自愿参加的学生加入。在高校图书馆的专家指导小组中，他们使用双向选择的方法，让学生参加导师组织的课题研究，从文献的查找开始入手，为课题研究的前期做好充分的准备，除此之外，在研究过程中也要适当地借助图书馆资源。在课题研究过程中，导师要有一个明确的研究方向，确立研究主题，确定研究参与人员，做好准备工作和监督工作，注重研究成果和研究水平程度。大学生不仅可以通过对老师进行咨询，让老师对自己的研究课题有一个引导作用，还可以在图书馆查询大量资料，然后经过筛选，最终确立后再发给导师。作为大学生，在查找信息资料的过程中，可以通过与老师或同学的讨论，交流所查找到的资料的可行性，学会利用资料的价值，达到可以应用信息解决问题的程度。而且，在这个学习的进程中，还可以加强信息的利用意识，建立独特的解决问题思维，还要学会利用各种各样的信息并且加以评价。

其次是对信息教育师资力量的加强。在当代社会，教师是教育的根本，只有对信息人才培养师资的力量加强建设，才能够培育出当代所需要的高素质信息化人才，并且，这已经是高校教育的重要目标之一。就目前的形势而言，一些高校教师的信息素质与教学仍然存在一定的差距，而教师团队信息素质的高低，直接决定了信息素质教育的成功与否，所以，对信息素质教育的开展，首先应该对教师团队的信息素质进行改造。第一，可以利用当代的教育技术，使用多种教育方式，把理论知识和实验活动综合起来，对教师团队的信息素质教育加强培训；第二，引进高知识教师人才，在教师的聘用、职称的评选、年终业绩考核中，可以把信息素质作为评选条件之一。想要构建一个合理的监督体系，就必须要对教师的信息素质加强管理，着重培养教师的教育技术能力，对教师团队的构建起到一个促进作用。

最后是要对管理政策的支持加以关注。一旦教学模式得以开启，就必须要有严格的管理条件和相关的政策支持。在信息教学的模式中，学校教研部门高度配合和各个导师的选取有非常重要的作用，优秀教师的聘用、优秀学生的选举条件、课题研究的辅导等，都是他们需要完成的工作。除此之外，积极协调各部门的工作，对相关的业务提供保障，寻找有发展潜能的投资，都有利于信息教学计划在学校的实施与发展。

第五章　基于创新人才培养视域的高校图书馆信息素质教育研究

本章分析了民族地区高校图书馆开展个性化信息服务的现实需求，阐述了图书馆在文献信息资源建设、馆员队伍建设、服务理念和方式、读者信息素质等方面存在的瓶颈问题和困难；提出了构建个性化信息素质教育及服务模式，以提升学生的信息意识和信息获取能力；同时，给出了按需推进个性化信息服务的方法与策略。

第一节　在线信息素质教育的综合认知

一、与图书馆现有服务相结合

以图书馆现有服务为基础进行教育的手段主要结合以下两种方法，一是网络参考咨询服务，二是文献检索教学。这就可以完成在线信息素质教育有效结合图书馆现有服务。一是有着相对清晰的用户群体，二是可让图书馆里面的资源和服务得到有效使用，三是让在线教育和课堂教学的进度一致，这就是这两种方法展示的三个特点。

（一）在线信息素质教育与文检课教学相结合

目前，我国的高校图书馆往往运用文检课教学来进行信息素质教育。据统计，有 95%即 19 所图书馆完成在线教育的途径是文检课教学。文检课是特意设立的课程，教学内容上注重获得和利用数字资源，使在线教学模式得到更广泛的应用，保证网络信息素质教育内外一致。

1．教学内容强调数字资源的获取与利用

数据库资源运用、信息综合分析利用、获得和运用网上资源、评价信息、信息检索基础理论等 7 个方面，是我国现有高校图书馆文检课教学的关键内容，它突出获得和运用数字信息资源。以四川大学图书馆为例，其医学信息搜索引擎检索课利用专门开设的专题来说明电子期刊数据库和医学常用搜索引擎，就是想让用户知道经常使用的医学信息检索工具，能够利用互联网获得和运用更多的医学信息资源。国内各高校图书馆都要和本校的学科专业强项和馆藏特色资源充分结合，利用专题培训和课程教学说明不同数据库和网络信息资源的组成、检索和运用。

2．推广网络教学模式

以往的文检课的课堂教学模式基本是当面教学，突出教师，强调同步化和标准化，学生无法展现其自主性和个性化。但网络教学则可以让用户自由选择课程和授课地点，可根据自己的时间进行合理的授课层次学习，自主把握学习进度，让其主观能动性得到更多的展现。网络教学中的很多动画、音频、视频的教学资源是多媒体教学的基础，这些丰富的教学模式让枯燥、抽象的信息教学过程变得更加具体、生动，让学生更好地集中精力，提高教学效率。中国人民大学能够借助图书馆提供的检索平台进行针对性的文件编辑、调查和测试，学生和教师之间的互动更加充分，学生学习的方式更加丰富。武汉大学、北京大学等通过购买或者自己搭建相应的教学平台，辅助完成文献检索课程的教学，这些都是高校近些年来对信息网络教学模式的探索。

(二) 在线信息素质教育与网络参考咨询服务相结合

1．常用问题回答(FAQ)和咨询知识库

FAQ 和咨询知识库两者均是可以提高信息素质教育知识的方法，都是静态的，主要是将读者的疑问、图书馆工作人员的解答、用户的反馈信息以及与学科相关的知识点有机地结合起来，根据一定的标准进行归类，同时还能完成信息检索操作，把 FAQ 和咨询知识库作为用户网络信息素质教育的重要基础。就拿山东大学图书馆来说，其把这样的知识整合为 10 个方面，如素质教育、数据块应用、文献传递、查收查引、信息获取、业务咨询、虚拟咨询等，运用关键词检索的方法让用户对于所需知识的查询变得更加准确。

2．实时咨询问答的方式

实时咨询问答也是教学方式的一种，它是动态的，可以进行接发文件、在线对话、同步浏览与推送等。其突出特色是针对语言难以说明的问题譬如详细的操作流程、检索工具的运用，利用页面推动、同步浏览、白板交互等功能进行更深层次的说明，让用户更透彻地了解问题。譬如上海交通大学图书馆，其中的分布式联合虚拟参考咨询系统项目(CVRS)，让不同的交互功能得到最大程度的发挥，注重获得隐性知识，是实现深度教学的积极探索，也可与其进行设置教学平台的交互功能进行对比。

二、远程教学平台

远程教学平台通常由教师教学平台、学生学习平台、教师管理平台共同组成，又称网络教学平台，以课程开发、交流、学生管理、统计和测验等功能为主。

（一）远程教学平台的类型与教育特色

学校购买和自主研发是高校图书馆进行在线信息素质教育运用的远程教学平台的两个方法。前者的代表是武汉大学，其购买了教学管理功能比较完备的 Black board 教学系统，用户增加了教学内容后就可以使用。后者的代表是清华大学，其网络课程比较具有针对性，主要是满足学校教学工作的需要，通常是把通知发布、多媒体视频点播、课程信息查询、移动教育等功能集中在一起，更加适合学校教学活动的进行。远程教学平台注重学生自己进行学习时间的计划和教师跟踪辅导学生，是实地课堂教学的补充，利用平台和课程教学的有效结合，重点是使学生在各学科方面的专业信息素养得到树立。远程教学平台最突出的特点就是使用的便易性和完备的平台构建，通过利用平台中的不同功能模块就能够进行教学活动。因此，灵活运用远程教学平台的核心是把握不同功能模块。

（二）远程教学平台的模块构成

如 Black board 教学管理平台，其远程教学平台提供商是目前世界上最大规模的厂商，它的使用者遍及全世界，包括超过 28500 所高校及其他教学机构。因此，选择通过 Black board 教学管理平台实现远程教学平台的模块构成，其现实指导意义是很大的。该平台的核心是课程，综合在线“教”与“学”的环境，所有的课程都有自己的学习区、管理区、交流区、考试区。内容资源管理、在线考核、在线交流工具、管理统计等是根据平台的功能划分的四大模块类型。教师在使用远程教学平台时，主要是使用文件上传、评价体系、检索工具、对学生的跟踪服务、分配任务等工具。教师能够在平台上建立网络课程、对教学内容进行管理和组织、编写教学课件、在线进行考试、收作业以及批改作业、在线答疑、对学生学习程度的统计分析等。学生可以在平台上使用的功能有课程安排表、文本信息交换系统、音频的对话讨论、同步和异步的通信等。它允许学生自由安排学习课程，制订学习计划，检查课程内容，交流看法，完成虚拟的互助学习，上交作业，进行在线考试，查询学习成绩，这些都是其细节部分。一种交互式环境伴随远程教学平台产生了，它保证了教师和学生、学生和学生之间可以顺利进行线上或线下的交流，让学生的主动性以及创造性得到充分体现，也有利于教师对学生的单个教学和辅导。并且，网络资源的多种多样让教学资源得到增加，让学生拥有更加渊博的知识储备，对综合提升学生素质有着积极的作用。

三、开放式课程

（一）开放式课程的教学特色

开放式课程与远程教学的规划是两个不同的概念。远程教学的目的是得到学分或是某些证书，包含了师生两者的主动信息交换。但在线课程的目标是教育资源、思考模式、教育理念的开放和共享，最终是使所有学习者的信息素质和知识技能得到提升，不会产生学位或证书，它只是不同学科数字化学习资料的供应者。开放式课程的特点就是全新的教学理念和海量的教学资源，把更多的注意力集中在培养用户的自学意识和能力方面，是能够进行继续教育以及终身教育的有效方法，这和进行在线信息素质教育的本质相统一。

（二）开放式课程的教学理念

开放、共享、合作是开放式课程提倡的全新教学理念。它希望整理和免费使用开放式教学资源，分享使用开源软件，进而促进全球一流教学资源、教学经验的互相交流，推进国际教育的共同分享，使信息素质教育达到更高水平。

（三）开放式课程的教学资源

1. 课程资源

开放式课程拥有非常广泛的教学资源，既有国外著名大学的开放课程，也有国内由教育部认证的国家精品课程，如日本的 JPOCW、麻省理工学院的 MITOCW 等，而且国内会通过志愿者翻译国内外课程，按学科门类展现在我们面前。如中国开放教育资源协会(CORE)，到 2008 年为止，超过 900 门课程经由该网站展现出来。具体到每门课程时，基本都会提供每门课程的简介、讲义、参考读物等。假如这个课程是汉化课程，那还会简单说明翻译者、审校者的情况和反馈建议。课程资料基本只展现以 Word、PPT 等为主要形式的文本资源。条件许可的话，一部分课程允许在线观看教学视频资料并下载。部分课程还会链接与之有关的学习社群网站，这样的话全球用户都可以互相了解，还可以得到开课学校或老师的帮助，一起实现学习的进步。突破语言不通、贫富差距造成的知识差异，实现国内师生可以更加方便且无须付费地与世界先进教育资源接轨，这是该网站的宗旨。

2．开源工具

在开放式课程中出现的所有阅读工具、系统软件、应用平台中，不需要费用的工具都被称为开源工具，它被划分为两部分，一是教育开源软件，二是常用开源软件。教学内容管理系统(ATutor)、课程管理系统(Moodle)、学生信息查询系统(School Tool)、学习管理系统(Sakai)、成绩查询系统(Online Grades)等是教育开源软件包含的主要内容，办公软件(Open Office， PDF Creator)、网页编辑软件(Nvu)、数据库(My SQL)、系统软件(File Zilla，Apache)等是常用开源软件包含的主要内容，它会简单说明不同软件，也会提供可以转到其服务主页的链接。如 Sakai，它的用户是教师、学生和研究人员，主要是为用户提供可以建立以协作为目的的网站的一系列软件工具。例如，教师可以以发布通知和实现资源共享为日的来建立网站，允许学生在线讨论，学生可以在网站上进行学习和完成电子作业等。创建在线教学平台时主要使用的软件都可以在这些开源软件中找到，并可以无须费用地下载使用资源，这些都保证了在线教育的圆满完成。

四、在线信息素质教育平台

作为一个提供资源和服务的网络平台，在线信息素质教育平台资源丰富，搜索便利。本着人性化的理念，在线信息素质教育平台的平台数据都是根据用户的信息来合理运行的。尤其是大学图书馆，大学生可以在这个在线信息素质教育平台学习到更多的知识。同时，这样的在线信息素质平台也是一个可以实践的互动平台，用户不仅可以开阔视野，还能提高自身的修养。

(一) 在线信息素质教育平台的总体构成与特色

前言声明、选择信息源、检索技巧、获取信息、评价信息、检索计划是在线信息教育平台的六大板块。信息的选择、信息的获得甚至于对信息的进一步评估和分析，都是和这六大板块的功能息息相关的。对信息的评价和进一步的分析是这个平台中最核心最重要的功能。各个模块按照程序设计来逐渐实现和完成自己的任务，先进行总体介绍，让用户对这个平台有个总括性的认识，再对具体的案例进行剖析。接下来就是用户实践的时间了，用户可以在此平台上进行进一步的探究和实践。经过实践之后用户就会进入在线测试，对所掌握的信息进行一个大致的测试，这样的测试可以进一步帮助用户掌握信息和应用信息。经过这些过程之后，平台在最后还会提供一个总结概括的服务，还能对所学所掌握的信息进行高度总结，再次加强用户记忆。这样的模板设置更加凸显了在线教学方式的开放性和自主性。

(二) 在线信息素质教育平台的核心功能模块

1. 选择信息源

平台的信息来源主要是网络。网络资源纷繁复杂，在线服务平台就会在这些信息中按标准和分类筛选出各类信息。有了分类标签之后，平台还会提供更详细的资料说明和解释。这样细致的解释既可以为用户平时查阅所用，又可以用作在线测评。这样的测评并不是无规律的，而是根据用户的等级分为简单问题、一般问题和复杂问题。测试之后会给出最详尽的解答，还会附上学习要点。

2. 检索技巧

检索技巧是一个配合选择信息源的工具。海量的资源虽然已经按标准和分类进行了区别，但是这样的检索技巧还是不能帮助用户来寻找资源。而输入关键词就可以查询各种信息，这不仅是一个检索的工具，也是一个智能化的概括工具。用户多次搜索之后，平台还可以智能检测出总结系统。

3. 获取信息

通过信息整合和掌握信息检索之后，获取信息是最终的目的。检索关键词即可得到全文信息。在这个板块里面，平台还会普及给用户文献著录格式及标准等信息。只有掌握了这些必要的信息，用户才能更加自如地完成检索、学习、测评等任务。用户掌握这些技巧之后，不仅可以在平台上检索，在普通网站上也能检索出所需要的信息，是一种技能的掌握和学习。这样一来，用户能更加自如地学习知识，开阔眼界。

4. 评价信息

这个模块旨在用户查阅和检索海量信息之后还能对信息进行自我评价和估计。这样的信息评价其实是对用户道德理念的一种潜移默化的培养和正确引导。对信息有了正确的认知之后，才能在信息中不迷失自己，找到最实用的信息。这不仅对用户增长知识大有裨益，更是一种道德理念的正确引导，十分具有正面引导意义。

（三）四种在线信息素质教育实现途径的比较

在线信息素质教育与其他形式的信息素质教育相比，最大的特色在于教学活动的开放性、生动性、交互性与合作性。以这些特征为切入点，更容易选择一种理想的、可以体现在线信息素质教育特色的途径。

1. 开放性与自主性对比

开放性和自主性对比是在线教育最大的特点。其优势就在于用户可以打破时空界限自主学习，没有限制地接收知识，是一种极为便利的操作方式。这样的在线平台学习十分灵活，更加针对用户的学习特点、基准水平。可以跳跃式地针对性学习，而不是盲目地接收各种知识。有重点地学习知识才能最大程度地达到学习目的。这样的学习方式不但和教师的教材是相互契合的，更提供了一种便利的自主学习渠道。学生可以完全跳出课堂和教材，去自主吸收和学习课堂以外的知识。自主性的增强使得学生更加有兴趣去学习和接收知识，而不是在传统课堂上一味地接收填鸭式的灌输性知识。配合着传统的课堂学习，会达到意想不到的好的学习成果。

2. 虚拟交互性对比

在线教育不同于传统纸笔的交流和谈话信息。课堂上的交流是有时效性的，课堂时间更是有限的。但是在在线教育平台上就可以实现异步沟通。邮件等科技手段完全满足了师生异步沟通交流的实现。学生和老师有进一步的沟通之后，就能够更大程度地跟进学习进度，疑惑的问题也可以很快解决。学习在老师的协助之下更加顺利和便捷。在线信息素质教育要为学生创造协作式的学习氛围，借助相互交流、电子邮件或者讨论小组的方式，帮助学生和教师更好地完成实时沟通和信息反馈。除了接受在线教育外，学生还可以通过在线测试评估自己的学习效果，并与教师、专业人员或者其他人员进行互动，解决学习过程中遇到的困难。同时，在线教育的互动功能也能够帮助教师更好地把控学生的学习进度。在线教育远程教育平台都具有较强的交互性，在线测试可以随时评估用户的学习效果；交互工具能够促进学生针对不同的主题开展讨论和合作学习，用户反馈功能可以更加全面地收集用户的反馈意见，并利于整理和改进，从而进一步提升平台的服务水平。但是因为开放式课程大多都是课程数字化的组合，没有专业人员进行课程辅导，并且受到网络设备的限制，交互性功能很难实现。目前来看，图书馆能够提供的服务多数是网络课件的学习和下载、作业的布置和提交，将重点放在了教师对学生学习的把控方面，忽视了师生之间的交流互动过程。

3．生动性对比

不同于传统的课堂板书教育，图书馆在线平台让用户在学习过程中更加生动有趣。文本、图形、视频、音频等多种媒体形式的综合应用大大加强了课堂的生动性。教师也能开发出更加活泼的课程。学生对于这种生动活泼的课堂接受起来也会更加积极一些。文献检索课程为学生提供的多是文本形式教学课件的浏览和下载，无法将教学内容以更加生动的方式呈现给学生，无法提高学生的学习兴趣。开放式课程受到软硬件条件的限制以及不同地区基础设施的差异影响，通常无法为用户提供占用空间较大的教学资料，例如音频、视频等。远程教学平台和在线教育平台克服了以上教学模式存在的问题，存储器的容量相对较大，服务器的性能也有显著提高，能够为用户提供更加丰富、生动的教学资源。除此之外，在线互动、在线测试、在线帮助等学习方式也让信息教育过程变得更加生动有趣。学生的积极性提高了，学习的成果肯定更好。

4．与课程教学紧密度结合得比较

在线图书馆和在校课程的链接也更加紧密。学生可以通过在线教育平台来完成学校要求的必修课和选修课，十分便捷且有趣。信息素质教育是文献检索课程的重要组成部分，学校将其设定为师生的必修课程或者是选修课程。选修该门课程的师生，能够接受全面系统的信息素质教育。很多学校还结合学科特点与学生的具体情况开设针对性的文献检索课程，例如针对本科生的文献检索课程重点是对相关领域基本概念和技能的掌握；针对研究生的文献检索课程则着重培养学生对专业领域信息资源的检索能力，逐渐培养他们的批判性思维。与此同时，在线教育和远程教学平台把信息素质教育和专业学习结合起来，让学生在掌握专业知识的过程中，逐渐提高自己的信息素质水平。在线教育平台将信息素质的内容进行了划分，开展信息能力、信息意识以及信息道德的专题教育，将具体实践和信息素质教育有效地结合起来，属于通识性教育。这一点还有待改进。

5．合作性对比

合作性主要涉及各个图书馆之间以及图书馆和教学、科研、商业机构之间的合作，合作能够促进教育、信息资源的共享，创造协作式的学习环境。文献检索教学能够促进教学机构和图书馆的密切合作；开放式课程的开设主要是依托于基金会的资助，促进各个协会、组织和教学机构的密切合作；远程教学平台为教学机构、图书馆、职能部门的结合提供了条件；在线教育平台将各种教育资源集中在一起，充分发挥教师和图书馆管理人员的智慧，不断开发新的软件，并吸引各种商业机构投入资金，为平台的正常运转提供支持。除此以外，在线教育平台为多学科合作提供了条件，能够集中教育资源，提高资源的利用效率，促进信息素质教育的开展。在线平台的最终发展将跨越更多的平台。

五、丰富平台的内容

（一）填充教学内容

由于搭建平台的时间紧、任务重，因此在搭建平台时只是构建大概的课程体系。教学课件、学习指南、学习资料三方面构成了教学内容。目前的教学课件只能限定为信息检索的最基础方法、如何使用搜索引擎、如何利用数据库、如何多方面获得信息等问题，并不能全面解决学生的所有问题。同时，该平台具有极强的操作性，不断增添报告撰写、测验、信息伦理等内容的检索方式，让学生能够熟练运用所学知识，还能让学生学会把检索技能与工作、学习和研究紧密结合，提高学生自主解决问题的能力，还要加强学生的信息道德教育，如保护信息的隐私、规范使用信息资源等。

（二）内容的多元化

课程内容要和实践的演练结合起来，这样信息素质教育课程才能够更加有效。在课程内容中，如果学习内容操作性强，可以用图画、图示和表格来展示。

除了文本形式的课堂资料和参考信息外，Black board 可以支持音频、视频、图像资料的播放。在教师授课时，可以为学生播放有关网站以及数据库使用方法、技巧的视频资料内容，多种多样的教学形式能够提升学生对信息教学课程的兴趣。除此之外，可以在教学内容板块添加对应的视频授课栏目。针对不同层次、专业的学生群体，提供个性化的教学内容。因为选修该门课程的学生专业不同，所以，教学平台不仅要提供一些通用的检索知识和技巧，还可以充分发挥 Black board 的“选择性内容发布”功能的作用，为不同学科领域的同学制定个性化的学习内容和练习题目，还可以发布一些和专业相关的最新动态和资源信息。

如此就能提高学生学习的兴趣，帮助学生顺利就业、深入科研、不断学习，让学生的综合素质在素质教育的帮助下得到提高。比如国外的部分在线信息素质教育在这个方面做得非常成功，英国的 Intute 就是一个免费的信息素质项目，能够为各个专业的学生提供不同的互联网资源，利用虚拟的培训课件为学生提供更多的自学机会。每个学科的专家都会编写这些课件，使每个学科都有相应的形式，充分保留了原本的学科特征。英国的利兹大学图书馆为了满足不同的学生需求，和部分院系共同合作培训学生的信息技能，针对不同学生的水平和专业，协调不同院系之间培训方式、内容、时间、考核等问题，让这些问题的差异尽可能缩小，最终呈现完美的教学效果。还有美国的俄亥俄州立大学也建立起相关的教育平台 net.Tutor。

（三）从外部整合优秀的学习资源

Black board 具有“外部链接”功能，借助这个功能，图书馆可以帮助学生全面地接触到信息素质的相关资料，拓宽学生的眼界。目前，“网络信息检索”的远程教学平台能够为学生提供的链接资源如下：多种信息检索著作的全文链接，包括《信息检索》《Google 指南：检索更轻松》等；信息检索期刊的全文链接，包括 Information Re-trieval 等；包括我国和美国在内信息素质教育站点的链接；常用搜索引擎、搜索指南的链接以及介绍搜索引擎的网址链接包括 Search Engine Watch 等；在线电子书籍网站的链接，电子期刊、电子报刊网站的链接以及相关会议的链接等。与信息素质教育有关的机构、项目、标准、博客、网页等内容要不断进行完善，让更多学生接触到在线信息素质教育，从而能够不断提高自己的综合能力。

（四）教学内容要与时俱进

飞速发展的信息检索倒逼着检索工具或数据库不断更新来满足不断发展的学习需求，要不断升级新的服务和功能。网址也会随着数据库和引擎之间的激烈竞争而发生变化，都要及时在平台的考试、检索、教学中纠正，否则将会降低学生的学习情绪，影响教学平台的健康发展。

六、增强平台的交流功能

（一）促进师生间的交流

学生可以在“控制面板—课程工具—讨论板”中讨论网络信息评价、信息检索等部分问题；适当加入“教师答疑”讨论板，这是用来解决学生在以下方面存在的问题：一是课前预习，二是课下学习，三是实际探索。为了使学生能有直观的现场感，还计划从网上获得录音工具，用音频或者是视频和学生进行问题交流。关于课程的全部通知都可以使用“控制面板—课程工具—通知”进行发布。此外，还有两个交流功能被包含在“课程工具”中，即接收和发送信息功能、发送给全部小组或用户等多选择的电子邮件发送功能。

（二）促进学生之间的交流

对于以专业分类的小组进行的信息检索测验，可以通过“控制面板—用户管理—管理小组”完成。而且小组讨论板、小组文件交换、小组电子邮件、小组虚拟课程这四个功能也属于小组功能，支持学生之间的团队合作和讨论交流。以小组的形式划分学生，在小组间举行比赛如检索知识的抢答、快速问答以及检索方法分析等，安排检索练习，把“学生教学实践作品展示”模块设置在“最新资源推荐”板块。因为图书馆学专业本科阶段的必修课“信息检索”占 3 个学分，和公共选修课相比，它更加丰富、专业，所以如果上传图书馆学专业本科生的学习成果，那么其余专业的学生就可以在这个模块推荐优良资源或者把自身的检索经验交流上传，利用这个部分培养学生对“信息检索”内容的讲解能力，以此来鼓励学生的交流与知识分享。

（三）开展在线授课

如果学校是由以前的四个校区组成，学生分布在四个不同区域，如果每次都要到教室上课，学生就在四个校区来回奔波。并且，学校教务管理系统要求了选修人数，那每学期就会存在一部分学生无法选修的情况。虽然任课教师可以增加学生，但是教室的大小决定了始终会有一些学生无法参加课程。此外，要想让更多的学生可以学习到本课程，也希望补救由于课时不够多而导致在课堂上无法教授一些重要内容的不足。即便能够通过 Black board 的部分功能，让教学平台上有教师授课录像，但仍有一个不足就是学生无法加入教学过程中。所以，我们完全可以通过如Cenwave课堂中心等别的网络工具进行在线授课。

1. 利用音频与视频功能

使用音频与视频功能能够让在线课堂拥有活跃灵活的课堂氛围。学生能够从听觉和视觉上感受授课教师，当学生在主讲人的允许下使用音频和视频功能后，学生和老师通过同步音频交流和同步视频的形式进行面对面的互动。当进行提问时，主讲人点击用户列表的扬声器和麦克风图标就可以控制讲话和静音的人员。而普通学生要想控制自己的扬声器和麦克风，利用单击切换框就可完成。

2. 利用桌面分享功能

把讲授检索技巧巧妙融合到实践中是进行信息素质教育过程中的最基础的要求。讲解和示范同时进行是最佳状态，这样才能让用户就地操作、练习，才可以让用户的检索技术层次达到更高水准，使其单独获得信息的本领得到提升。这就需要共享来让听课人看到授课教师的示范操作。共享有三种分类，第一是整个桌面，第二是部分桌面，第三是应用程序。第一个对信息检索过程的实时示范的益处很大，学生能够同步看到包含主讲人如何操作鼠标和键盘在内的整个桌面；第二个是学生可以同步观看提前设置好的屏幕；第三个是学生无法操作该应用程序，只能观看教师对该应用程序的操作。最初只允许主讲人操作，在主讲人允许后，学生也可进行操作。具体操作流程如下：主讲人完成对分享菜单的点击，此时界面变为分享，确定分享内容后，最终一步是点击“开始共享”，此时就进行分享了。另外，论坛区、博客、BBS和RSS都可以添加到信息素质教育平台中，借此来鼓励教学活动中的互动交流。

七、增强平台的友好性

在线信息素质教育平台不仅应注意文字排列、字体字号、图文大小及色调满足网站设计的客观要求，而且应考虑到在线信息素质教育本身所具有的特征，然后再与Black board进行有机结合，在帮助、导航系统等一系列模块推动之下，形成彼此之间互联互动的在线学习平台(也就是NTF)。

(一) 制作平台使用指南

考虑到Black board才刚刚被学校引入，因此虽然Internet信息检索比较受欢迎，但是该平台的建立还需要给学生一段适应时间，目前就有不少学生对平台熟悉度不足而没有到达预期的学习效果。所以，相关人员根据本课程的特征，指出学生关于 Internet 信息检索存在的问题，并制作了内容导航、交流礼仪、参与指南等相关规范性文件，并于2007年秋投入该课程平台。

（二）建立完善的帮助系统

现阶段尽管教学平台受到了很多学生的欢迎，但是不同学生之间熟悉度上有所差异，因此造成了部分学生实际使用时有一些困难。一方面学生可以及时与老师沟通，另一方面可以求助于 Black board 来解决问题。该教学平台完善的帮助系统能够在安全运行的情况下，为每一位学生尽量提供帮助。此外，考虑到还可能出现学生无法求助于 Black board 及时解决问题，但是又迫切想要知晓答案，而教务老师又在开会或者授课同样不能提供帮助的情况，平台开发企业联系方式、教务老师或其他相关人员的联系方式将会被适时公布于该课程平台上。

（三）注重平台的交互性

平台上相当一部分资源属于静态呈现，这也就暴露了交互功能上的不足，往往是学生开始对平台还有浓厚的兴趣，但是过一段时间后就产生疲惫。所以，我们通过引进交互式演示来克服存在的不足，比方说通过开展案例分析，引导学生观看检索案例演示整个过程，然后借此引导学生丌始下一个环节。在课程内容的分配上，采取此种循序渐进的方法，让学生由简单入手逐步进入复杂技能的演练。举个例子，学生首先接触信息检索普遍方法的学习后，一方面为了掌握学生实际情况，另一方面引导学生继续学习，平台可以设计部分相关技能的提问，只有当学生的测验成绩大于80分才被允许继续学习搜索引擎的内容。如此对学生进行引导，能够逐渐地使其水平和技能得到提高。我们也可以按照 TILT 的思路，把教学内容划分成几部分模块。关于交互功能的问题我们可以参考一些成功地做法或案例，比如可以细化成一串小问题，如果学生回答正确，在网络平台就会出现正确的提示，并有类似于“Excellent”的提示，使学生不断提升自己的信息，从而最终具有令人满意的效果。

（四）收集学生反馈意见并及时改进

关于反馈信息，通常包括两个部分：一是在学习过程中实时反馈，二是在学习结束后学生反馈今天或者这一单元所学的内容，比方说收获或感想的论文、笔记等。

按照学生的情况以及相关的设计，平台可以通过在线问卷的形式与学生进行交流，规定学生只有完成问卷调查才被允许进行下一阶段学习。据调查，在国外的一些教育平台往往就比较重视学生意见的提出，然后根据学生意见把工作予以完善。

（五）设立专人负责平台的维护

可以和研究生教育相结合，通过聘请研究生作为平台的助教或管理人员，对该平台进行日常完善、更新，比方说解答学生疑问、更新当前的热点问题、删除一些过时问题等。负责项目的研究生应对 Black board 有一定程度的了解，在使用操作上也比较熟练，这样才能保证各项教学工作保质保量地完成。

八、加强教学环节的管理

借助于 Black board，能够大大利于老师进行教育教学各项活动的管理。例如通过选择性发布这一功能可以让学生交作业更加及时，具体做法是直接传达一个截止时间命令，学生如果在这个时间前没有交作业，那么在这个时间后就将交不上作业了。当然，为保证这些规则被每一位学生都看到，还应在平台的显眼区域设立温馨提示。而新增内容这个模块也非常有用，一些新发布的消息能够立刻让学生知道，作为老师也能够及时查看学生当前有没有发布新疑问。还有在线点名的功能，就不用费力去看每一位学生来上课的情况。考虑到该课程具有较大的可操作性，因此学生一旦漏掉一些课程内容，将不利于掌握好数据库以及检索作业等。该课程的考察包括了平时成绩与考试两部分，其中光平时成绩就有 30%。所以，通过学员工具这一模块能够了解现阶段有哪些学生处于在线，从而把握学生的动态和趋势，而这一功能一般作为点名“神器”。但是应注意的是，只有当学生进入此链接，签到才算有效。所以，应在教学平台比较吸引学生的地方进行提醒。基于此，通过课程日程表可以掌握学生的实时进度，通过添加测试功能能够避免学生作弊等问题的出现，另外通过计时器功能，可以合理安排考试时间。

九、开展更广泛的合作与交流

（一）与国内兄弟院校同行交流

Black board 固然功能比较强大，可以和学生沟通、进行测验、下达作业命令以及发布文档等，但是借助于此平台和一些兄弟院校彼此之间资源共享、洽谈合作，有助于实现工作效率的不断提升。另外，通过聘请该行业专家登录和访问，然后听取他们的建议或意见，能够更好地改进工作。

（二）与图书馆合作

和一些普通的图书馆课程有所不同，该类课程不仅属于图书馆学系十分重要的专业课，而且渗入全国各大高校内部，一些高校图书馆设立成必选课供学生学习。为了使平台建设更加完善，比较好的一条建议是对相关课程予以链接，不管是图书馆还是高校彼此取长补短，发挥各自的优势。通过相互商量合作，能够减轻彼此的工作压力。不单单是局限于一个图书馆，多个图书馆可以结成统一阵线，形成图书馆联盟共同体，但是现阶段来说还不够成熟，大多在探索阶段，不过对于该项目的发展我们有足够的信心。

（三）与国外同行合作

为了该平台双语教学的实现，也让国外同行熟悉该教育平台、加强国际学术研讨，设计出英文版也是势在必行的。通过 Black board 走出国门，和欧洲、美国、日本等学校进行交流，它将是世界传播最广的一个渠道。现阶段在 Black board 是可以满足学校或机构关于语言选择的，不仅数据库中包含了亚洲字符，而且还包含大部分欧洲国家的文化系统。其中陈昭珍教授经过不断的研究和尝试，早已成了成功的典范。他所研究的“数字内容与创新教学应用课程”就是通过 Black board 一步步发展起来的，他还开设了课程博客及时在线与大家互动交流，积极推行校际合作、不同院系间合作等，并跨国聘请教授研讨在线视频课程等。除此之外，和图书馆外的部门一块儿交流也可以的，例如加拿大就有成功的案例，并投入一年级课堂中去了。由此可见，该平台因为自身的教学活动比较自由，无论是时间还是空间都比较开放，加上能够借助于音频、视频、图案、文本来实现功能的相互作用，所以在一系列优点的引导下深受师生、图书馆的喜爱。借助于此类教育管理系统进行实时教育能够使教师把工作重心放在教学活动上，教育质量从而就能够得到保障。另外，和传统教育之间也能够彼此补充、彼此促进。作为图书馆和相关教育机构，还应根据实际情况制订好教学计划，以满足各大类用户的实际需要。

十、MOOC 的发展现状

MOOC 通常指具有大规模开放式实时交流互动的网络课程体系，其起源于 21

世纪初的美国。其中MOOC概念产生的背景是有相当一部分处于贫困的家庭不能再承担起持续走高的学费，这也就造成了一些学校的升学率持续走低。无论是从升学率方面考虑，还是在宏观教育的角度重新审视，出现MOOC已经成为必然。那么 MOOC 所带来的核心价值观是什么呢？其实就是为了使更好大学的资源不再出现浪费，那些贫困学生可以通过较低的学费甚至于免费享受。基于此，MOOC三个典型的特征为资源输出没有限制、注册免费以及资源共享。

MOOC不仅在美国风靡，同时对我国的发展具有极大的推动作用，而图书馆承担着信息化基地的作用，需要以MOOC作为依托，不断拓展新的前进方向，并结合自身的实际特点进行主动出击，以可持续发展为强大目标寻求大的发展思路。

(一) MOOC 简介

MOOC即大规模网络开放课程的缩写，其主要面向社会大众，具有不收费、开放式的显著特点。而对于此类网络课程在我国一部分学者把它译为慕课。事实上，慕课属于一种新的实时交流课程开发手段，其起源于以往的一些学习管理或者发布资源的组织或系统，将大规模的传统课程开放在网络上，是为了增强知识传播而由个人组织发布的、散布于互联网上的开放课程。从某种意义上讲，慕课又属于远程教育，而且代表着其最新的发展趋势，利用开放教育资源源源不断发展而来。

(二) MOOC 的教育理论基础及源起

随着信息技术和教育理论的发展，教育信息化也在不断推进融合，课程信息技术的发展也经历若干个发展阶段。

(1) CAI 辅助教学(96-750 项目)；

(2) 网络课程(中、美 1997)；

(3) OCW(开放课程资源，MIT，2001)；

(4) 可汗学院(2006)；

(5) 视频公开课(2010)；

(6) 精品资源共享课(2011)；

(7) MOOC(大规模开放网络课程、2012)。

(三) MOOC 的特点

前面已经提到，MOOC一般存在开放性、网络性以及大规模性等较为明显的特点，另外其还包含如下特征。

1．MOOC 时间较短

从整个 MOOC 结构来看，教学视频可以说居于核心地位。结合学生的认知情况及学习特点，规定的 MOOC 时间通常在 5~8 分钟之间，一般都会小于 10 分钟。所以，和正常学校里面大约 40 分钟的时长相比，MOOC 不仅在时间上更短，而且对学生注意力等方面有很大的好处，同时帮助学生课后练习更加到位。

2．MOOC 内容较少

和传统课堂有所不同，MOOC 具有主题鲜明、问题聚集等特点，其重难点在于某一知识点的理解上面，突出某一教学环节就可以了，而传统一节课相对来说却比较复杂，涉及教学内容也比较宽泛，远远不如 MOOC 简便。由此可见，通过 MOOC 开展集中训练是非常好的。

3．MOOC 容量较小

相对于其他一些教学视频，MOOC 加上一些辅助资源整体容量也不会太大，通常只有几十兆上下，而且视频格式也比较通用，可以进行实时在线播放，并且能够为学生实时学习创造良好的条件，还可以灵活快捷地把视频资料进行下载保存，真正利于灵活、移动式学习的实现。

4．实时交流互动

利用 MOOC 进行教学除了上述优点外，还能够实现良好的交流互动。只有做好学习者与教授者、学习者与学习者之间的沟通才能建立起良好的获取知识的路径，而其所拥有的这些特点在 MOOC 可以完美地体现。一些实践教学通过这些网络媒体，学生和其他社交媒体均能够及时进行参与教学，彼此之间开展交流协作，从而实现学习的最终目的。

5．学习者非常自主

在 MOOC 这一模式之下，能够充分引发学习积极性，但是学习行为要想实现真正提高，还必须依赖于学生自发性真正地提升。由于慕课传播范围比较广、人员众多、水平良莠不齐等特点，学习行为还是依赖于广大学生进行自我调控。

(四) MOOC 的国内发展现状

我国是 MOOC 教育的追随者，随着 2012 年 MOOC 在全世界特别是欧美的兴起与发展，2013 年，我国各个知名高校纷纷加入或者自行组建一些 MOOC 平台，并成立了相关组织，以此推动 MOOC 在中国的发展。因此，2013 年也被称为中国的 MOOC 元年。

1．MOOC 在教育领域的发展现状

为了适应和应对高等教育的发展趋势，国家教育部就于 2003 年 4 月启动了精品课程建设，随着教育信息化的不断发展，教育部先后针对教育信息化一直在不断推出各项举措，以应对教育发展的形势，在高等教育领域尤其明显。MOOC 极大地革新了传统教学模式，促进了优质教育资源的共享，未来的教育必然会在技术的推动下打破现有的格局，让教育更加普及化，更加个性化，更加多元化。MOOC 首先在高等教育领域研究和实践起来，已经有很多学者和高校教师进行了积极的探索和实践，尽管有部分学者指出 MOOC 自身并不完美，存在很多自身无法解决的问题，目前和将来并不能取代传统高等教育，但大多数基本上持肯定态度。作为一种新的教育方式，MOOC 可能会对教育的发展产生颠覆性的改变，体现了信息技术的发展为知识传播的创新和教育改革发展带来的契机。

2．MOOC 教育存在的一些问题

作为一种新兴的教育模式，MOOC 还存在一些问题，包括 MOOC 的课程适用于离散化、碎片化学习，对基础教育领域也仍要结合翻转课堂开展，学习完成率较低，关于 MOOC 的设计、实施、评价以及学习过程调控，甚至包括 MOOC 如何做到可持续的研究，还落后于 MOOC 本身的扩张速度，等等，这些都很值得我们认真研究。在利用信息技术推动教育改革发展方面，积极探索 MOOC 的应用，需要更多的教育者参与其中，通过理论研究，更主要的是通过教育实践，来迎接信息技术给基础教育领域带来的变革。

3．目前国内外主要的 MOOC 平台及其功能

目前国际知名的 MOOC 平台主要有 edX、Cours-era、Udacity、Udemy、Future Learn、Iversity、Open Learning 等。国内的 MOOC 平台主要包括：由高校建设的爱课程网、网上人大、清华学堂在线、国家开放大学、上海高校课程中心、五校交大平台，由门户网站建设的网易公开课、新浪公开课、搜狐视频教育频道、百度教育度学堂、腾讯微讲堂、腾讯大学、优酷教育频道，以及由一些公司建设的淘宝同学、优米网、传课网、多贝公开课、果壳网 MOOC 学院、过来人公开课、超星学术视频、蔚秀报告厅、学而思网校、91 外教网、网上报告厅，共计 25 家。

无论国内外何种 MOOC 平台，其主要功能主要包括：课程介绍、课程大纲、授课教师、课程视频、教学资源、作业/测试、讨论区、教学进展、学习笔记、评

估/调查、学习进展、线下互动组织等。其中，国外平台的功能更为齐全，而国内因 MOOC 教育开展较晚，平台的功能尚待完善。

十一、MOOC 浪潮下高校图书馆的应对策略

高校图书馆拥有得天独厚的信息资源优势和信息服务特长，而在 MOOC 的知识传播体系中，与高校图书馆一样都倡导教育资源的开放和共享，这是二者得以融合、互动、协调发展的基础。高校图书馆要依赖其资源和服务优势在 MOOC 环境下更好地发挥自己的资源优势和服务特色，彰显其在 MOOC 教育服务全过程中的巨大潜力。

（一）推动高校知识资源整合与共享

无论是传统信息环境还是在网络信息环境下，信息资源的收集、整理、加工、服务一直是高校图书馆工作的主要职责，也是其赖以生存与发展的核心竞争力。面对 MOOC 的汹涌浪潮，作为高校信息资源中心的图书馆应迅速反应，积极面对。

一是建设知识传播与学术社交兼容的高校知识资源整合与共享平台。高校图书馆应充分利用自己在信息资源的收集、整理、加工方面的专业化知识与特长，从学科知识的角度广泛收集各种形式和载体的 MOOC 课程，并以碎片化微视频、电子书以及多种超媒体形式整理和发布这些经过组织、加工后的知识资源，通过 MOOC 架构一体化地进行展示，形成知识资源的整合与共享。在这一过程中，不仅完成课程、专著、论文、课题、讲座等资源的数字化和多媒体化，还要承担知识传播和学术社交的功能。在知识传播方面，高校图书馆要打造一个面向全球的、开放的、向外传递的知识资源库，提升高校的学术地位。在学术社交方面，高校图书馆要将分布在世界各地的专家学者通过某一共同的研究内容或主题联系起来，在高校知识资源平台上共同构建不断更新的网络化的知识体系，通过交流协作，整合与共享知识，建构和创新知识，最终提升高校在国内外的学术影响力。

新的图书馆可通过建设 MOOC 专题网站的形式，积极推广 MOOC。要及时报道 MOOC 的发展动态、前沿研究，回答用户所关注的问题，让更多的人了解、注册并利用 MOOC，提高课程的最终完成率。

二是建设开放的教学参考系统。当前 MOOC 建设中存在一个共性的问题，即教学资源与教学参考资源分离，教学参考资源无法直接为教学提供支持，影响了学生学习的完成。有资料显示，MOOC 课堂注册人数众多，但真正完成课程的学

习者不到10%。造成学习者退出率较高的原因之一就是学习者在海量信息和复杂网络之中分辨不清方向，一直处在浅层次的学习过程中，对所学课程缺乏深入的理解，致使学习过程难以最终完成。实际上，在MOOC环境下教学参考资源的形态和服务方式发生了显著的变化。MOOC的理念就是教育开放，在开放的教学环境下，用户需要开放的、能够个性化解决面临问题的资源。当前图书馆收藏的电子教材教参主要包括纸质书电子版和原生电子书，它们分别散布在图书馆的各个数据库或保存于图书馆的系统中，而与课程管理系统并没有实现互通或融合。MOOC环境下，各大高校图书馆要承担更多的功能，首先时刻收集和关注各个数据库的资源，还要尽可能地开放接收数据的通道，从而可以最大化地将收集来的免费开放资源进行整合管理；其次，还要更好地将信息技术手段与教育资源有机地结合，将各个教学工具书、辅导书和相关课程习题信息与其前期开发整合的数据资源信息整合为强大丰富的数据体系，让学生们可以通过网络进行日常课程的学习和探讨，还可以获得免费下载学习资料和获得相应课程的配套资料，让学生的学习需求得到充分满足，让学生们主动通过MOCC学习课程知识。

（二）提供嵌入式服务，成为MOOC学习过程团队中的一员

现如今，各大高校通过不断的实践，从而推出将图书馆的服务覆盖全体高校教学中的嵌入式服务，而且这项服务针对不同受众群体会有不同的服务方式，而且也会受到用户环境的影响。例如，为了使图书馆可以更好地发挥其嵌入式服务，从而适应学校开放课程快速发展，我们高校的图书馆员可以嵌入教师团队，更好地帮助学生学习，从而发挥自己在高等教育模式变革中的新的作用。

当然也有学者认为，由于MOOC是一种具有不确定因素的新出现的模式，因此图书馆员应该通过自身努力注册相关课程掌握相关经验，从而可以更好地帮助学生们接触和体验MOOC，当然对于图书馆发展创新也是有益的。

首先，图书馆员在嵌入式课程服务中发挥着重要作用，因此可以充当教学馆员的身份嵌入教师教学和学生学习的过程中。在教师教学过程中，教学馆员可以通过自身的专业性，在第一时间为教师快速查找到所需资料，更好地完成课程上的互动。现如今的MOOC教学模式为视频+相互练习。视频教学可以更好地整合碎片化的课程知识点，更好地让学生们在在线学习过程中对学习产生浓厚的兴趣。而且，教学馆员在教师教学中一方面可以辅助教师进行前期的学习目标制定、学习框架设计以及组织各种课堂活动活跃课堂气氛。另一方面还可以在学生学习中，帮助学生解答疑难杂问，让学生们可以自发地合作学习，共同进步。而且，通过使用MOOC，科学馆员可以从中了解到学生们的学习状态和效果，从而反馈给专

业教师，让教师们可以对不同学生有不同的了解，也为图书馆积累了学习资源。

其次，教学馆员也可充当“版权顾问”的角色。当大量的学生免费使用 MOOC 课程时，可能就会损害著作权人的利益，因此，美国的北卡罗来纳大学和宾夕法尼亚大学的图书馆中就专门设置了版权问题指导课，而杜克大学图书馆更加重视版权问题，为此花费大量金钱和人力设立了版权与学术交流办公室，从而更好地平衡版权和学术的关系。而教学馆员们的版权知识可以很好地帮助教师们规避一些版权风险。此外，教学馆员还可利用自己版权知识丰富的特长参与 MOOC 课程的版权谈判。

最后，随着 MOOC 的不断发展，每个学生都有接触在线学习高等教育的机会，但是要想获得和掌握在线学习的方法，则需要助教馆员作为一个引路者，更好地帮助学生。MOOC 平台众多，模式多样，课程资源丰富，每个平台的侧重点和操作方式都是有所不同的。因此，高校图书馆的网络信息则成为学生们进行线上课程的最佳资源。助教馆员就可以发挥自身优势，帮助学生们学习如何使用 MOOC，对于 MOOC 上一系列学习有关的步骤进行讲解。而且，助教馆员也要不断提升自己的专业素养，从而更好地拥有判断信息优劣的能力。各个高校图书馆也应该加强开展素质教育，提高学生信息素养。也可以通过相关在线咨询、在线信息素养课程，从而间接提高学生们的在线学习能力。

MOOC 和图书馆之间可以做到相互补充。具体来讲，MOOC 扩大了图书馆的服务范围，不仅仅局限于在校的学生和老师，伴随着其普及，各大高校的图书馆开始探索可以满足读者越来越广泛阅读要求的途径。图书馆的传统服务理念是加强信息建设，做到全面、专业、精准。现代的图书馆建设要充分考虑读者的需求，突破各种限制，通过资源共享提高资源的利用率，提升社会的整体信息素质水准。除此之外，服务的形式也在不断变化，更加趋向于向读者主动推送信息，实现开放共享，提供更加多样化的服务。

十二、MOOC 为图书馆事业带来的机遇与挑战

MOOC 的发展给高校图书馆带来了更多信息资源，让我们的线上学习资源越来越丰富，还为高校图书馆信息发展创造了更大空间，但随之而来的还有一些隐患和挑战。数据库种类多元化相应地需要很繁杂的学习技能，需要大家努力学习，熟悉操作。

高校图书馆内藏书丰富，硬件设施和软件设施都比较完备，工作人员都是相关专业高等院校毕业，具备很强的专业技能。随着 MOOC 的到来，高校图书馆更

要积极引入相关程序机制，主动适应学习相关技能，积极发挥信息素养教育的作用，举办相关信息素养教育实践活动，更好地开拓创新。

（一）新的机遇

随着网络教育的不断发展，现代教育也随之发生改变，而且 MOOC 为现代高校图书馆的改革指明了方向。对于现代高校图书馆整合资源、推陈出新具有很大帮助。而且，MOOC 的不断发展不但让国内高校图书馆的资源服务更加全面，可以让教师通过互联网和图书馆资源中获得相应的知识，更好地应用于教学当中，让学生了解到线上学习的优势，从而扩宽图书馆的服务群体和渠道；而且以往图书馆资源靠传统方式慢慢积累，但随着 MOCC 的到来，可以通过教师的推广使用，或者组织相关讲座，构建学习体系，更好地整合资源，也可以对开发高校图书馆资源起到重要作用。

高校图书馆作为学校资源数据库，应该随着时代的进步，不断发展创新，充分利用 MOOC 的大环境，从固有模式中积极突破。高校图书馆在 MOOC 组织课程资源的时候，发挥自身组织资源、整合信息的作用，更好地开展课堂教学以及课后作业讨论。而且还要不断扩大高校图书馆的影响力，积极地开发教育资源，不断推进信息教育，从而为高等教育发展做出贡献。

（二）新的挑战

我们都知道 MOOC 与远程教育一样都是利用网络授课，但二者之间有本质的不同。MOOC 相对于远程教育，具有更完整的课程设置，相应地具有很强的约束性，还可以在线上与学院进行互动交流，它是双向的互动的知识传授，而远程教育只是单项的知识传授。现如今，由于 MOOC 模式本身发展时间不长，很多高校虽然接受这种模式，但使用率不高，还是倾向于传统的教学模式。而且，现如今 MOOC 上资料和相关资源由于并非各大学校提出的，也非高校提供，内容质量参差不齐，版权不明，没有规范管理，存在很多漏洞。而且由于 MOOC 未能得到广泛普及，高校图书馆不能积极参与高校 MOOC 的相关教学活动，而且学校重视程度不同，在 MOOC 模式的教学活动中，不能获得高校图书馆提供的资源支持，因此，高校图书馆由于了解不明、经验不足，不能很好地实施 MOOC 教学模式。现如今，高校工作的重中之重就是根据高校现状，建立能积极推行的、能被教师和学生接受的、符合 MOOC 相关管理规定的相关条例，更好地推进新型教学模式。

1．资源需求个性化、碎片化

传统高等教育学员是同一年级，年岁相当，学科背景和学习能力也都在一个水平线上，教师教学过程中可以用同样的教学方法和教学模式向他们传授知识。而MOOC学员则是来自不同国家、不同民族，他们的学科背景、语言能力、接受知识的快慢程度都是不同的，教师在教学活动中就要考虑到这种种差异，对不同的学生的资源需求进行不同应对，对于社会实践能力强的学院进行相应理论知识的加强指导，对于高校的学员要加强实践指导，这些都是由于MOCC与传统高等教育中学员的资源需求存在差异所引起的。现如今，还没有相关的系统性的学科组织，因此在选择课程上，学员们的需求缺乏系统性，不能很好地整合，往往只会选择自己喜欢的、有兴趣的。因此，MOOC用户具有资源需求个性化和碎片化的特征。

2．学习内容偏向实用性

现如今，网络成了人们学习和生活不可缺少的一部分，而MOOC是依靠网络传授知识，因此，决定了MOOC的学员来自世界各地，从事着不同工作，还有不同的宗教信仰，因此，学员们在选择课程方面是多种多样的，各自有各自的特点。但无一例外，他们在选择课程上都更理性，更注重实用性。这些可以从以下两点体现出来：第一，在众多的MOOC课程中，选择管理课程，计算机编程方面课程以及网络编程的人数明显高于思想政治或者文化之类的课程；第二，MOOC课程分类独辟蹊径，放弃以往标准分类，采用非标准化学科属性分类方法，平台管理充分了解用户需求，在课程类属命名中就充分体现出来。因此，由上面两点我们可以得出，在MOOC平台学习的学员们选择课程具有实用性的特点。

3．需要学习过程可重复

MOOC平台不同于传统的网络学习模式，它可以让用户自己合理安排时间学习，而且不分场地，不分时间，全天候可反复学习。基于网络大规模的自身属性，MOOC可以在线上教学过程中给学员带来最大化的便利。而且，可以通过手机、平板电脑和笔记本电脑连接网络，从而进行线上学习。因此，在学习过程中更具有针对性和时效性。由于MOOC课程学习具有不可重复性的相关特点，更加符合学员们的需求。那些非在校学员，由于在社会上工作，不能适应日常高校的上课时间安排，因此学习起来很困难，而MOOC由于是网络授课，可以通过平台下载相关学习资料和视频笔记，从而很大程度上解决了社会学员的学习难题。因此，越来越多的人更加倾向于在MOOC平台学习。而在校学员学习是为了更好地掌握知识，需要反复重复地学习，而传统教学是不能做到的，在MOCC平台就可以做到。而且平台上相关教育资源的公开性和相关资源的共享性，学员课堂笔记的交流讨论，都会让学员们更好地掌握相关知识，更了解所学课程内容。

4．课堂环境的融入需求

早年间，网络公开课也曾风靡一时，甚至推动了教育的变革，实现教育公平化和信息化，但后来，由于单向网络教学中单向信息传递，不能很好地保障学生获得良好的学习效果，而且对于课堂纪律也不能进行很好的约束，对教学效果也无法及时获取，还是需要学生自己约束自己，但可实施性不大。而现如今的MOOC平台则不同，就算处于不同国家地区，但还是具有很多资源条件，它是一种双向的教育模式，老师和学生可以在课堂上互动，互相交流课堂知识，老师还会对学生的作业进行评价。而且MOOC平台对学生自主性要求低，会对学生进行相关的课堂约束，从而更好地开展课堂教学，还有利于学员们积极学习，从而融入课堂中，间接地促使学生主动学习，从而达到更好地教学效果。

5．综合化的学习体验

首先，MOOC平台学习资源众多，各类课程都综合其中，而且各个课程之间可以很好地交流互动。该平台的大多数课程都是免费课程，学员们可以先试听课程，然后根据试听效果，选择符合自己兴趣的课程主动深入研习。而传统的教学过程中，固定的教学模式、单一的教学组织形式、乏味的教学方法，导致学生对于学习产生不了兴趣，只是为了取得相应成绩，而MOOC平台则会增强学员对于课程的了解，有利于教学的深入。其次，MOOC平台的组织教育者都是该领域的佼佼者，在课程的专业性和授课内容上是很有优势的，也会进一步促进学员对学习的主动性和持续性。最后，MOOC平台学习资源丰富，种类多样，不但可以通过视频学习，还可以通过记录笔记、在线讨论等多种方式获得知识，从而让学员更好地吸收所学知识。而且，MOOC中的一些平台的分类方式不同于传统的课程分类，而是根据如今人们的归类习惯和一些日常称谓来划分的，让学员们更容易接受，而且更实用。用户可以根据个人的需求，从中找到一个节点，按照相关的要求对其进行重新整合，从而更好地培养用户的逻辑性，满足不同学员的不同需求。

十三、MOOC模式下高校图书馆角色定位

在当今图书馆管理的模式中，MOOC模式得到了普遍应用，这不仅要归因于网络和媒体的宣传，还因为这种模式可以消除学员与课程组织者之间的障碍，将图书管理的水平推到更高的层次，使知识资源拥有了更大的使用价值。MOOC不

仅促进了高校图书馆和课程组织者之间的交流，也加强了两者之间的联系，在这种管理模式下，图书管理员能够为学员和课程组织者提供专业的意见，帮忙寻找资料，或是图书资源。在MOOC管理模式中，最核心的内容是社会功能和服务功能，这使图书馆在社会中的地位变得更加重要。

（一）MOOC运动助推者

在传统的高等教育体系中，图书馆仅仅起到辅助作用，提供给学生学习资源。但是在MOOC图书管理模式下，高校图书馆的功能会更加丰富，开放对象也由校内变为社会，MOOC课程主要资源都是来自于互联网或组织者自身的经验积累。为了使图书馆资源能够得到最大化的使用，还需要解决图书馆资源版权问题，以及网络封闭问题，所以各大高校应当提高图书馆的社会化服务，在图书馆中提供最大化的读书资源和数量，并且将图书馆资源在互联网上进行开放使用，这样不仅有利于推广MOOC课程，也可以让社会人群使用图书馆资源，从而进一步加大MOOC运动的使用范围。

（二）MOOC资源整理、评价者

MOOC所带来的优势显而易见，它破除了对高等教育的禁锢和局限，使社会用户可以和高校学生享有同样的专业资源和教育，大大提升了图书资源的使用价值，而且长久以往，必能吸引更多的用户。在MOOC课程中，大多数都是免费的，主要目的就是推广知识的社会化、实现教育的社会化。与传统教育体系的课程配置以及评价机制相比，MOOC课程还存在一定的缺陷，比如，监督和评价系统是较薄弱的环节，很多MOOC课程的开展主要是来自于平台和组织者推广，但是由于用户们的时间和精力是有限的，所以其无法对MOOC课程进行详细的选择，导致在各个平台的选课过程中发生问题。为了避免这种情况的发生，要求图书馆通过非营利性组织的身份与其他平台进行合作，将与MOOC有关的资料进行收集与整理，以便为用户在选课过程中提供更加详细和正确的引导，从而体现社会服务模式。

（三）信息素养教育者

高校学生在进行学习时，自身会收集信息，并且利用信息，所具备的信息素养也会逐渐提升。而且高校图书馆也会组织相应的信息素养培训课程以及实践，以此来加大学生的信息素养，但是社会用户却很少重视信息素养，社会用户的学科背景、精力和能力都存在较大的差异，而且社会环境的不同，也会导致信息素养水平的不同，高校图书馆可以抓住这一契机开展以培养信息素养为目标的MOOC课程，吸引社会人士的注意力。在开发过程中，可以与高校图书馆信息素养培训团队合作，并且融入自身的信息素养教育经验，制定更符合社会用户的教育体系和方案，这不仅体现了MOOC课程的社会功能，也丰富了高校图书馆的服务模式。

（四）学习空间提供者

如今社会上教育模式变得多样化，所以 MOOC 课程教学也以混合式教学为主，推行多维度立体教学，通过线上和线下共同辅导来整体提升学生的水平，这种教学模式的优势不仅体现在可以减少社会学员的时间，而且所占用的只是网络的虚拟空间，不需要老师与学员进行面对面交流，所以绝大多数的社会学员更偏向这种教学模式。但是MOOC课程的进展需要一定的储存空间，社会组织所开发的MOOC平台，拥有自身的储存空间和虚拟空间，但是对于自主开发的或是高校自主研发的MOOC课程，在平台的储存上存在着较大的缺陷。所以高校图书馆可以推行提供学习空间的教学模式，通过提供学习空间来实现图书馆与MOOC的融合。高校的MOOC课程需要老师与学员进行面对面的教学，所以对于场地会有一定的要求。高校图书馆则可以发挥自身的场地优势，提供学习空间，从而在此基础上融入MOOC课程，丰富自身的教学方式。

（五）版权管理者

MOOC课程的绝大多数用户都是来自于互联网的任意用户，所以这就要求教学资料更加全面和详细，MOOC课程的主要教学资源包括互联网、图书馆和组织者三个来源，高校图书馆的教学资源主要来自于不同的资源商或是第三方代理机构。这导致高校图书馆的使用范围局限在校内访问，一旦超出使用范围就会导致被禁用或承担法律责任的后果，这种情况与MOOC所含有的教学理念背道而驰，虽然在理论上是不允许图书馆资源进行校外访问的，但是在实际运作过程中，由于各个国家对于非营利性资源的资料版权具有宽放性，所以这意味着高校图书馆可以成为MOOC课程的第三方管理机构，间接管理课程相关的校内资源，站在非营利性的角度上，监督课程组织者的使用范围和程度，从而实现图书馆与MOOC课程相互融合的目的。

十四、高校图书馆服务转型策略

MOOC 的使用范围日渐广泛，与高校图书馆的有机融合，也带来了更加显著的优势。从整体的角度看，MOOC 促进了高校图书馆的服务转型，两者相辅相成，互相促进。作为图书馆工作者，应当重视 MOOC 为整个图书馆所带来的各种机遇和挑战，取其精华去其糟粕，积极地进行图书与网络资源整合的工作，丰富高校图书馆的服务类型和功能，进一步加快高校图书馆服务转型的脚步。

（一）MOOC 资源收集、整合服务

MOOC 课程最大的优势就是开放，这体现在参考资料的使用范围、使用方法、学员范围、教学方式和理念上。在国内，MOOC 平台逐渐被广泛熟知，比如在学堂在线、好大学在线、中国大学 MOOC 等诸多平台中均有所涉及，而且更令人欣慰的是，除了高校和社会组织之外，教育主管机构也逐渐推崇 MOOC 课程平台，比如人为 MOOC、上海高校课程中心平台等都有一定的涉及，虽然数量较少，但是推广对象十分广泛，推广工作也十分出色。但与国外的 MOOC 课程相比，国内中文 MOOC 课程仍然存在着较多的缺陷，主要体现在以下三个方面：首先，缺乏鉴别机制，这导致同一课程出现在不同的 MOOC 平台上，造成混乱；其次，平台之间的课程只在联盟内各高校之间承认学分，这导致社会用户无法进行进修；最后，联盟成员之间的结算存在问题，导致课程推广力度下降，资源开放存在缺陷性。这要求图书馆以各个院校的特点出发，积极整理相关的 MOOC 课程信息，丰富服务模式，体现社会功能，将图书馆资源的数量和种类达到最大化。

（二）参与 MOOC 教学，开展咨询服务

开发人员对 MOOC 教学过程进行了分析和讨论，他们从数据中得出：学生在线下与同学进行互助学习，可以更高效地提升学习水平。在同等预测因子的条件下，所获得的分数会比单独学习者高出三倍，这体现出了互助学习对学生学习所产生的积极影响。由此，开展第三方学习支持服务有利于促进 MOOC 课程的进一步发展。国外的很多 MOOC 平台与图书馆都已经进行了相关的努力和尝试，例如，纽约公共图书馆，这是第一个全美与线下学习中心合作的图书馆，通过收集资料、分类整合与 MOOC 课程相融合，从而为社会成员提供参考资源。MOOC 平台的学员数量比传统学员数量高出几百倍，对象也更加丰富多元化，但是对 MOOC 课

程组织者而言，却难以满足所有学生的疑问或是需求，所以，图书管理员可以加入教学过程中，帮助课程组织者共同进行答疑，提供更好的学科服务，增加教学的专业性和丰富性，从而促进 MOOC 课程与图书馆的进一步融合。

（三）结合 MOOC 课程，配置馆藏资源

在传统教学模式中，各个高校的图书馆建设资源都是以学校的学科设置和课程需求为中心而设立的，所以在长期的教学实践中，各高校图书馆的资源建设已经较为完备和系统，但是 MOOC 的教学课程模式逐渐应用广泛，这对整个图书馆资源和社会服务提出了更高的要求和标准，并逐渐成为社会用户和图书馆建设的引领者。由此，还需要从以下三个方面进行建设。

第一，转换采购模式，采购对象以用户需求为准。如今各个高校图书馆资源的利用价值，需要满足学校的学科设置和整体安排，除此之外，还需要满足社会用户的各种要求。所以需要将零散的用户和资源进行统一调配，并且融入高校图书馆资源配置中，结合 MOOC 课程的特色，购买资源，推行“你读书，我买单”、按章节付费或是电子订购等模式进行资源采购，这些灵活的采购模式可以适应 MOOC 课程需求，并在一定程度上降低学校的购买成本，减缓财务压力。

第二，在传统的资源配置范围和内容上进行创新。对传统图书馆而言，资源形式逐渐发生着变化。一开始主要集中在建筑物或是报刊、图书等，随着社会的发展，逐渐涉及虚拟空间、电子图书、电子期刊等，图书馆的资源形式正在发生着天翻地覆的变化，在结合 MOOC 课程模式之后，学习者可以将学习笔记、研究成果、课程作业等作为高校图书馆的资源(在学生允许的情况下)，而且图书馆也会为 MOOC 课程提供虚拟空间和学习条件。比如在美国芝加哥公共图书馆就有所体现，以最大的免费无线网络作为学习基础，为那些家里无法使用互联网的用户提供学习条件，这也使图书馆的教学模式更加丰富和灵活。

第三，妥善处理图书版权问题。由于 MOOC 的教学模式具有社会性，所以互联网是传播教学的必要条件，MOOC 课程也存在着被侵权的可能性，所以这要求高校图书馆对相关课程进行一定的维护和管理，将版权问题和版权限制的资料进行着重处理，以此来降低 MOOC 课程的侵权风险。

（四）促进馆际、平台合作，互利共赢

高校图书馆的经费来源主要是社会项目的资助和政府拨款，所以大多数只适合在学校内进行资源开放，围绕着学科设置和项目建设为资源根本，由于资

源配送和购买过程需要一定的时间，所以图书馆无法保证在第一时间就能够得到读书者所需要的资源，尤其是在 MOOC 课程中，一门 MOOC 课程的权威性和实效性需要课程体系的高匹配度参考资料作为保证，所以为了将图书馆的资源与数量进行扩充，还需要各个馆之间进行合作，或平台之间进行合作，以此来解决资源获取问题。在这里需要提到的是，图书馆合作之间的对象不仅局限在图书馆联盟中，如果涉及自然科学问题，则需要自然博物馆的协助；涉及历史文化问题需要历史博物馆和专题博物馆帮助；如果涉及专业问题，还会需要到第三方权威学术机构的帮助。高校图书馆在打造图书馆服务网络的同时，还需要进行 MOOC 平台的专项合作，以更专业的课程来吸引更多的用户，从而进一步加大使用范围。

（五）基于 MOOC 模式开展信息素养培训

由于各大院校的教育模式变化速度快，MOOC 课程的发展十分迅速，几年之内所包含的课程就已经多达几十种，虽然在数量上与传统学科仍然存在着差异，但是不可否认的是，一般的社会用户都可以在 MOOC 课程平台上找到自己所需要的相关课程，而且内容结构也正在完备，与国外课程相比，国内有关信息素养教育的课程确实稀少，比如罗昭锋在 MOOC 课程平台开设的“文献管理与信息分析”和黄如花开设的“信息检索”极少引起人们的重视。

在如今的 MOOC 课程平台中，信息素养仍然是受到忽略的课程，主要原因是大多数图书馆虽然已经注意到 MOOC 课程所提供相关服务的局限性，但是由于平台使用程度有限，所以信息素养培训职能还无法正式融入平台中。高校图书馆可以利用自身在培养过程中的积累经验，通过 MOOC 平台向学员授课，对信息检索、网络资源利用等方面进行重点培训，并且提供一定的实践机会，为社会人员接受信息素养培训提供机遇，从而增加社会图书馆的服务类型。

十五、MOOC 模式下信息素质教育的创新思路

（一）确立了新的信息素质教育模式

在如今新时代的教育背景下，高校图书馆需要注重提升学生的信息素养，设立有关课程和实践活动，从而完善多元化的教育模式，可以以文献检索为起点，加强对新生的宣传教育，以及检索能力的培养。首先，高校图书馆要坚持进行信

息素质教育工作，保有主体地位，在新生入学时，就可以进行信息检索课程的教学，使新生认识、熟悉并且掌握 MOOC 课程的关键所在，这种较为直接的教育方式会带来更好的教育成果；其次，要加大对信息素质培养的宣传力度，学校可以在宣传手册上进行大力宣传，完善图书馆的信息资源和项目建设等，让人快速地找到自己所需要的服务或信息；最后，对学生进行图书馆数字资源检测的培训和实践，这样可以让学生将所学到的理论变成实践的基础，从而提高信息意识和信息素养。

（二）打造新的高校图书馆信息素质教育平台

各大高校图书馆应当将 MOOC 运行模式和理念进一步融入图书馆管理过程中，加大宣传信息素质教育的力度。第一，可以开展有关于信息素质教育的课程。教师应当提前准备课件和视频，让学生更加积极主动地加入信息素养的课程中。第二，教师要积极地调动学生的积极性，激发其潜在的学习动力，增强师生之间的互动，不可以采用一问一答的单一教学模式，使学生处于被动接受学习的状态中，要主动发挥学生的能动性，加大其对信息素质的好奇心和学习兴趣，学校也可以投入一定的精力和设备，以此来辅助教学。

（三）加强课程质量建设

首先要进行详细的研究准备，不仅要了解本学科的学术动态、布局方向以及建设理论基础，还需要全面掌握学生的学习兴趣、爱好和学生整体的学习状态，加强了解社会对人才的需求方向，只有在此基础之上，将信息进行分类归纳和总结，才能够更加有针对性地满足学生学习需求，提供有关信息素质教育的课程。其次，教师应当提前准备课件和教学视频，这直接影响到教学成果，采用更加丰富多样的教学模式来激发学生的学习兴趣和学习动力，可以利用多媒体素材、图片和视频来增加学生的吸引力。最后，注重学生学习的注意力和素质教育课程的趣味性。如果一味地只是按照课本的东西讲述给学生，会使学生很快就丧失学习的兴趣和注意力。

（四）图书馆开设 MOOC 课程

图书馆是实施信息素养培训的基地，也是开展信息检索课程的场地，为了方便校内师生和社会大众学习信息素养课程，图书馆开展的信息检索课程可以适当融入 MOOC 教学模式，以此来提高学习效率。

（五）培养高素质教育队伍

MOOC 随着社会的发展取得了一定的成果，高校图书馆也需要与时俱进，不仅要重视图书馆的信息素质教育，还需要注重整理教师队伍和教师培训。首先，大力提倡教师进修 MOOC 课程，尤其是以素养教育为主的授课老师要有更高的标准，需要熟悉和掌握 MOOC 课程原理、技术等坚实的基础知识，以此来帮助学生提高信息素养；其次，需要教师投入更大的精力和时间来学习 MOOC 课程，探索创新的教学方式和思维；再次，高校应当注重培养教师的自身素质，强化意识，提高能力，使教师能够接受信息素养课程教育，拓展知识储备；最后，提倡教师利用业余时间进行二次学习，与现代的教学模式统一结合，提升自身储备，提高理论基础，以创新的教学模式来辅导学生开展信息素养教育课程，从而提高学习效率。

十六、传统信息素质教育

传统的信息素质教育具有以下弊端：

(1) 教师课堂授课形式单一，学生没有兴趣，以往的图书馆授课方式一般是教师在前面讲，学生坐在下面听，这种授课方式老师讲得兴趣索然，学生听得比较厌烦，教师与学生之间缺少互动，致使学生缺少学习激情，老师缺乏讲课信心，图书馆的使用效率大打折扣。

(2) 图书管理存在漏洞，信息素质教育没有真正落实。每当高校开学时由于新生多给图书馆造成较大授课压力。学生取得借书证进入图书馆的条件是必须参加信息素质教育课，而信息素质教育课又以学院为单位组织上课，这就使不参加听课的学生有了可乘之机，他们不用听课就可以获得借书证，进入图书馆也漫无目的，图书馆对他们来说没有起到真正的作用。

十七、微信应用于信息素质教育的可行性

（一）智能手机的普及应用

微信是依托智能手机及 3G 网络的发展而产生的，因此智能手机的普及程度

对微信具有重要意义。而我国智能手机近年来发展迅速，CNNIC 第 35 次《中国互联网络发展状况统计报告》显示，截至 2015 年 6 月，中国网民人数达到 6.68 亿，其中，我国手机网民规模达 5.94 亿。智能手机的普及应用为高校图书馆开启微信服务提供了硬件支持。

（二）简单易用，费用低廉

高校学生人手一部智能手机，拿起手机便可下载并安装微信手机版，注册完毕便可自动绑定手机号码或 QQ 邮箱，下载方式及注册方式简单，仅需短短几分钟即可完成。与朋友发信息、语聊、分享图片均只需要少量流量就可以达到海量信息传播，如：国内手机短信最多发送 70 字，信息资费为每条 0.1 元，IM 汉字约为 50 多万字，手机发送需 700 多元，而微信仅不到 10 元，区区几元钱，相信每位大学生都能支付得起。低廉的费用更加容易激发读者使用兴趣并增强持续性。

（三）信息形式多样化，互动性增强

微信能够实现与好友之间的文字、语音交流以及视频、资源的共享，还可以通过建立群聊的方式实现多人的沟通互动，朋友圈可以实现快速的信息共享。微信为用户提供了方便快捷的互动方式，仅仅两年多的时间，就已经拥有了 5.57 亿的用户人群。除此之外，用户可以通过“搜索微信或者手机号”“附近的人”等功能与身边的人建立社交关系。

十八、微信素质教育功能解析

（一）网络聊天功能——架起师生沟通的移动桥梁

如今微信作为一种日常聊天工具已经显示出其强大的功能，不仅可以进行一对一的单独聊天，还可以以多人建群的方式沟通交流。教师可以以微信群的方式与学生建立沟通桥梁，有利于教师与学生之间拉近情感距离，也便于了解学生思想动向以及对信息素质教育的看法等。还可以在群内就某一议题展开讨论，以激发学生思考问题的兴趣。

（二）信息推送功能——建设思想教育移动课堂

信息推送已经成为传播信息的一种手段，它不仅可以发送图文信息、声音和视频，还可以发送复合媒体资源。微信最重要的特点是能够确保每一条信息发送的准确性，这样就保证了学生能够通过微信平台收到信息素质教育的内容。教师可以将这个平台打造成可以移动的信息素质教育课堂，例如可以向学生发送党的十九大以来的国内经济发展形势，也可以讲述历史人物的丰功伟绩。通过微信推送信息素质教育内容是一种现代化信息传播方式，它不需要传统意义上的场地和课桌，信息发送速度实现了秒传，从而提高了素质教育质量。

（三）语音对讲功能——开通与大学生情感交流的移动热线

微信在即时通信领域最大的贡献便是加入了语音通话，这一功能的加入不仅仅解放了民众劳累的手指，更使有些单调信息沟通具有了情感的交流。这一功能的普遍应用也使众多高校开展素质教育的工作效率进一步提高，而利用语音通话专业课教师和高校辅导员可以与学生直接对讲，以便更好地感知学生的真实心理状况与情绪状态。众所周知，传统的文字聊天具有一定的隐匿性，很难将学生的问题暴露出来，而具有情感的语音交流可以更好地使学生敞开心扉，使师生间的距离更容易拉近。通过语言沟通可以更好地发现需要重点关注的学生和问题，再通过有针对性的一对一沟通交流，往往可以取得不错的效果。

（四）“朋友圈”功能——搭建老师影响辐射的移动平台

微信朋友圈是一个虚拟的网络交际平台，好友间发送的每一条信息所有人都可以看到。高校教师可以主动和大学生成为网络好友，从而可以在朋友圈发送一些积极向上充满正能量的信息，以影响带动他们形成良好的交际氛围。这就要求教师不仅要有一定的理论水平，还必须有正直高尚的人格魅力，在学生中能够树立威信，以此影响带动大学生产生正能量。这种影响效果有时比课堂教学更直接、更有效。

十九、微信在高校素质教育工作中的实际应用

（一）顺应发展，搭建基于微信功能的素质教育新阵地

如今微信已经深深影响着大学生的生活，高校应主动把握这一机会，建立学

校、院系、班级以及各社团组织的微信平台，发送与素质教育有关的图文信息和视频信息等，介绍先进人物的丰功伟绩积极传播先进思想，弘扬社会正气。高校学生会也可以利用微信搭建素质教育相关知识的平台，同学间相互沟通交流，一起进步共同成长。还可以以微信的方式发起有关素质教育的校园活动，鼓励大学生积极参与，强化素质教育成果。通过这样的活动不断占领素质教育新阵地，促进大学生素质水平的提高。

（二）积极开发，实现基于微信分类好友的深度贴心辅导

利用微信好友分类功能同时结合学生不同特点将学生分为不同的微信群，如党员学生群、学习帮扶群、贫困生群等。通过这些微信群找出他们之间存在的共性问题，然后有目的地进行思想指引，以帮助他们度过人生黑暗时期。也可以一对一的方式和目标学生直接沟通，让他们感受到同学之间的温暖。也可以建立心理辅导沟通群，帮助大学生解决思想上的问题，对有心理方面问题的学生可以提前沟通以进行早期干预，促进大学生心理素质提高。

（三）密切监控，掌握大学生思想动态和高校舆情

现代信息时代，微信已经和大学生的生活息息相关。大学生不仅是微信的受众者，还可以是信息的创作者和发送者。在网络虚拟世界里有些大学生挣脱了现实世界的束缚而使发言不受拘束，而教师可以利用微信取得相关线索，及时了解大学生思想状况，有针对性地展开思想工作。同时可以利用微信平台对大学生言论进行监督，一旦发现问题已经发生或处于萌芽状态就及时做出相应处理，尽量提前干预危机，把问题消灭在初始阶段。

（四）创新应用，发挥微信平台的技术优势

微信还有一些辅助功能能够在高校素质教育中得以应用，如利用微信平台进行投票活动以及微信访谈和微信展示等。这些活动操作简单，大学生易于接受，素质教育效果好。有一些高校充分利用微信的功能将其打造成高校信息发布平台，学生能够及时得到相关信息。还有一些高校利用微信的位置服务功能处理突发情况，为学校及时进行危机处理提供了方便，从而提高了危机干预能力。

二十、通过微信公众平台进行信息素质教育的意义

(一) 提升图书馆公众认识度

目前，各大高校的图书馆都建立了自己的微信公众号，用户可以通过扫描二维码的方式进行添加。图书馆的管理人员可以通过公众号发布一些与图书馆服务相关的文章，例如如何借阅和归还图书、各个部门联系方式、查询馆藏数目、推荐优质书籍、开闭馆时间，等等。借助微信平台，一些图书馆的最新资讯和图书信息可以方便快捷地出现在用户的手机上。除此之外，微信多样化的功能使得很多资源能够以更加多样化的方式呈现在读者面前，图片、文字、声音的结合可以提高读者的阅读兴趣，得到读者的认可。

(二) 方便读者快速利用图书馆

首先，在微信平台的帮助下，图书馆的工作人员将信息资源分类整理后有针对性地推送给读者，读者也可以翻阅以往的文章记录，对于一些不理解的问题可以反复地阅读。例如，对于图书馆的藏书目录，读者在相应的栏目里就可以方便地找到，节省了借阅图书的时间。

其次，读者可以将自己的相关证件信息和微信平台进行绑定，就可以随时随地地完成图书借阅、查询信息资源等事情。

最后，通过微信的实时人工服务，可以实现读者和图书馆工作人员的交流，对丁一些人员配备比较宽松的图书馆，也可以安排专门的工作人员管理微信平台，及时解答读者的疑问，快速解决他们的问题。

二十一、通过微信平台进行信息素质教育的措施

(一) 广泛宣传，增加关注度

图书馆可从多方面向学生宣传微信平台，具体做法如下：利用各种途径宣传介绍公众号，在图书馆网站主页醒目的位置、学校宣传栏、校报等介绍图书馆微信的功能作用，提供二维码；在大一新生入学时，组织教师和学生志愿者向大一新生们宣传图书馆微信号，培养他们运用微信的习惯；图书馆可以在学生借书时

介绍微信号，让学生们扫码关注，并向周围的同学推荐。随着图书馆宣传力度的加大，大学生们关注的也越来越多，很多读者觉得这种方式更加人性化，图书馆更加尊重读者的意愿，使得关注微信平台的读者更多，形成了良性循环。

（二）发布信息应形式新颖，内容丰富

搜集读者经常遇到的问题，将问题整合制作成简短但是内容丰富有创意的视频，并且上传到图书馆微信平台上，读者就可以在微信平台上随时随地地观看，如果有问题直接去微信平台上就可以找到解决的方法。视频内容如下。

1．图书馆简介

对于入学时间不长的新生来说，学校对他们来说既新鲜又陌生，图书馆也不例外。图书馆教师应该向新生介绍图书馆的基本情况、图书馆的具体位置、建馆历史、图书馆每个楼层的具体功能、不同科室的基本职责、图书馆藏书情况，等等，这些信息在视频中都要体现。

2．馆藏查询

图书馆的主要作用是向学生提供图书，所以学生必须具备基本的图书检索能力。视频中要向新生介绍查询或者检索图书的基本步骤。如果自己找不到如何向图书馆教师咨询、图书在别的校区和别的藏书库怎么办，对这一系列的问题要进行一一解答。

3．如何借书

高校采取了凭卡借书的方式，视频中要详细介绍刷卡借书的具体步骤、注意事项以及违规操作的案例，还要介绍图书馆内图书的分布情况、代书板如何正确使用，等等；介绍图书馆还书的制度要求、如何利用网络进行图书续借以及图书馆免费提供给学生学习的数据库。除了视频的方式，还要提供文字解答，这种视频、文字相结合的方式把每个过程形象生动地展现在学生面前，使学生轻松容易地掌握这些知识，也有利于促进学生走进图书馆进行尝试。

（三）完善在线考核系统

很多高校信息素质教育的考核制度不完善，有的高校根本就没有这样的考核制度。大学生在没有任何要求的前提下，不能集中精力听课，态度不端正，课堂

效率很低，效果也不明显。所以，建立信息素质教育的考核制度是非常必要的。采取网上的答题方式，要求以 90 分为及格线，如果学生不能达到 90 分，就得继续学习，什么时候合格了，什么时候学习结束。这样能够端正学生的学习态度，使学生能够积极主动地学习，也能够重视学习。图书馆要在馆内教师队伍中，号召业务能力强的教师组成团队，负责微信平台的管理与维护等相关工作，以学生的成绩和错题为依据定期对题库进行更新，使微信平台能够良好地促进学生信息素质的有效提高。

（四）建立微信群，增强互动性

图书馆建立微信群，能够随时随地地为读者提供服务，比如读者想借书，但是不知道有没有，就可以求助微信群。图书馆管理员根据读者的具体问题，进行信息查询，将所查到的信息及时回复给读者，这样读者就能很快地获得正确的解决方法。遗憾的是，现在图书馆的教师队伍不完善，人员严重不足，提供实时的在线人工服务难度很大。

但是，很多图书馆都有专门的工作人员负责提供专项服务，这些工作人员应该与对应的专业师生建立充分的联系。图书馆利用专项服务的优势，以学科为基础，建立相应的微信群，通过宣传让学校师生加入各个微信群，加强相互之间的沟通，从而实现多方面的资源共享。读者可以在图书馆专项工作人员的帮助下，实现资源共享。目前高校都为教师配备了免费的无线网络，学生也可以购买比较便宜的上网套餐。在网络的帮助下，读者会更加愿意尝试新鲜事物，在实现信息共享的同时提高学校师生的信息处理能力。

二十二、创客与创客教育

（一）创客的概念

对于“创客”，业界有着多元化的理解，其普遍认可的标准定义其实还没有。有文章在追根溯源之后认为，很简单(创客)就是黑客+创客的结合，也就是“创客”这个词的中文翻译要同时对应两个英文词——Hacker 和 Maker，即“创客= Maker+ Hacker”，而“Maker”(偏向硬件项目)是“Hacker”(偏向软件代码)基于技术发展的玩家概念的自然延伸，二者的共通点在于都是创意加科技的制造派，是通过互联网将自己的创意变成产品的造物者。英文单词“Maker”，原意是“制造者，制造商”，兼有“上帝”的意思。随着技术进步，数控加工工具的价格不断下降，而像桌面 3D 打印机那样廉价的、程控的万能制造机的普及，使得这类工具成为 Hacker 们的主要玩具，他们的主要活动也就从写软件逐渐演变成了改变甚至制造硬件来满足自己的需求，此时他们就变成了 Maker。十多年前美国畅销书作家安德森提出“Maker”的概念，其本意是指不以盈利为目标，努力把各种创意转变为现实的人。2011 年，国内创客运动早期参与者、北京创客空间创始人之一张浩先生将其中文译为“创客”，被业界认可并流传开来。在他看来，创客是那些愿意动手实现自己想法的人，“动手实现”和“自己的想法”是创客概念的两大核心。

目前，国内创客概念比较泛化，既包含了“硬件再发明”的科技达人狭义理解，也包括了软件开发者、艺术家、设计师等诸多领域的优秀代表广义范畴。随着现代科技的迅猛发展，制造材料和应用成本不断丰富廉价，“创客行动”在世界范围内形成并快速兴起。

（二）创客教育

创客教育是一种创新性教育，它将创客概念融入教育，使两者进一步融合成为一种新型教育方式。创客教育起源于美国，他们认为基于创造的学习是学生乐于学习的动力。创客运动自出现以来就得到快速发展，不仅在大学受到欢迎，很多中小学也已经积极参与其中。由于创客教育具有较强的优势，很快就传入国内，发生在温州的高中生创建创客空间事件标志着创客教育已经在国内蓬勃发展。

有国内教育专家研究了创客教育在美国小学的发展状况，他们认为创客教育是一种倾向于以创造为目的的教育，它有其自身的运作机制，既注重学习过程也强调学习结果，它的根本目标是实现全人类发展。技术对创客教育非常重要，技术产品也是创客教育追求的目标。也有专家认为创客教育是以学生为中心的创新教育，它以信息技术为根本并与之紧密结合创新教育精神。由此可见，创客教育充分利用现代信息融合技术，打造独具特色的创客精神，还形成了三个基本要素：一是技术支持的重要性，二是以学生为中心的实践创造主体，三是基于创造学习的教育新理念。也有专家认为，与传统教育基于知识的学习相比，创客教育是顺应知识时代要求的注重能力塑造的创造教育。因此可以将创客教育定义为：创客教育利用现代信息融合平台，以创新发展注重实践为基础理念，打造以创造学习为核心的基本学习方法，把培养创新人才作为根本目标的全新教育模式。这个概念强调了创客教育的两个重要因素，即信息技术融合与创新型人才的培养，但是它没有体现出创客教育的本质要求，可以这样给创客教育进行定义；它是以目标为指引，通过教师的辅助和学生的自主学习，在实践中培养学生的思维能力和创新能力，为创新型现代社会服务。

与传统教育相比，创客教育有其独具特色的文化内涵。创客是一个创新群体，以创客行动为纽带联系在一起，以创新为发展根本。创新是人类社会发展的前提，但在创客出现以前主要由少部分社会精英来完成，如科学家和发明家等。在产生创客以后，创新已成为社会普通阶层的一种快乐享受，他们不求盈利，只是把心中的创意变为现实。自此创新发明不再是社会精英的专利，它已走出实验室成为任何人可以在任何地点完成的大众行为。所以创客教育抛弃了原有的精英教育和功利教育的观点，它注重学生批判思维和创新精神的养成，主张因材施教，引导个性积极发展，注重培养学生的实践创新能力。

（三）创客教育的实践思考

通过以上论述对创客和创客教育有了比较清晰的了解。创客教育是创客和教育的融合，具有复杂而深刻的含义。作为一种学校教育，它是以创客活动作为主体，以创客教育的形式让学生逐渐形成创新意识，为以后的创新活动打下良好基础。从学校教育这一角度再次为其下定义：创客教育是以学生为主体、课程为载体、创客精神为动力、创客空间为课堂、信息科技为创造源，融合相关学科知识，以实践为检验标准，培养学生创新思维、创新能力的教学模式。

首先，创客教育是创客和教育的融合，要使两者有机地融合在一起并不是一件简单的事情。当今世界学校教育仍然处于主导地位，创客教育就要适应这种形势成为学校教育的组成部分，这就要以课程作为载体，把创客文化融入学校文化中，培养学生的创新意识。同时要发扬创客精神，重塑具有创新特色的创新思维和校园文化。在教育实践中，学校创客教育能够把创客文化的思维能力和动手能力予以充分体现。

其次，创客教育是创客与教育的结合，既要尊重创客这一群体的创新追求，又要符合教育发展规律。我国的教育具有公益性特点，面向所有学生，关注每个学生健康成长。创客教育培养学生创新思维形成创新意识具有创新能力，但是并不强制学生去发明创造。所以，创客教育提倡创客精神的塑造，有条件的学生可以在实践中进行创业能力锻炼。

最后，实施创客教育必须满足一定的主客观条件，如基本场地和软硬件以及数字技术等。就目前中小学情况而言，这些条件难以满足。所以学校要有创客基地供学生开展活动，要将比较高端的软硬件条件普及为常用的创造源，拓宽创客教育实际环境，使创客教育具有现实可操作性。其实创客教育的根本在于让学生能够将知识灵活掌握综合应用，能将课本上的知识运用到实践中解决实际问题。学生在创客项目的实践过程中能够亲身经历每一个阶段，丰富了学生的思维能力和创造能力。与传统教育形式相比，创客教育的理念、作用和影响力无疑更具优势。

创客教育以学生为主体，发挥学生的主观能动性。传统教育模式以老师课堂讲课为中心，学生围绕教师的指挥棒而学习。创客教育则注重发挥学生的主观能动性，让学生基于创造自主学习，以学生为主体，尊重学生个性差异化发展。学生成为创客教育实践的主角，成为真正的学习主体，这种教育新方法能够将学生的特长淋漓尽致地表现出来，并在实践中形成符合自己的学习方法。

创客教育增强了学生主动参与意识，拓宽了学生之间的合作空间。目前传统中小学班级人数众多，老师没有精力照顾到每一名学生，致使学生不能达到相应的教学要求。但创客教育有专门的创客团队，能够得到老师的亲自指导，各成员相互合作并能在合作中得到彼此鼓励和反馈，对学习效果起到积极的推动作用。

创客教育提高了学生的实践创造能力和动手能力。传统教育重知识轻能力，很多学生会考试但是动手能力不强。创客教育鼓励新思维，强调动手能力的重要性。他们的成果是集体合作的结晶，在这一过程中，他们互相分享各种资源，包括物质方面和精神方面的。这种分享精神能够使学生之间形成良好的合作意识，为以后融入社会做好准备。

（四）创客教育推进中的关键环节

无论创客还是创客教育都是新鲜事物。虽然温州在这方面走在了全国前面并具有一定带动作用，但是真正形成品牌效应还有一段距离。所以创客教育的发展要注重细节并做好长远规划。在中小学创客教育中要注意以下几点。

1. 创客教育需要“把握实质”

创客教育充分运用现代信息融合技术作为平台，继承并发扬了体验与创新教育和自己动手达成目标的理念，从本质上说是一种创新教育。但是它与传统意义上的创新教育相比有着独特的内涵优势。创客教育的主要特点是在教师的指引下以学生为主体进行创造性学习，在实践中形成创新思维和创造能力，并在合作过程中形成分享精神。

2. 创客教育需要“抓住核心”

发展创客教育是人才强国和创新型国家的需要。中小学进行创客教育要按照教育发展规律使人才健康快乐成长。为此必须做到以学生为主体，注重思维能力培养，在实践中提高创新能力。同时在创客教育实施过程中根据每个学生的个性特征因材施教，合理引导发挥专长。课程作为创客教育的载体有着重要的地位，要根据实际情况注重课程的基础性和丰富性，并形成自己独具的课程特色。

3. 创客教育需要“融入课堂”

创客教育的人才观就是把学生打造成具有一定知识和智能以及人文情怀的人格特质。其中引导产生兴趣和合理需求是最重要的。素质教育能够引导学生形成自己的兴趣爱好。而需求要在实践过程中依靠专业学科的力量解决。创客教育要在实践过程中强化学科渗透和学科结构深度调整，进行创客教育的主要战场是课堂。创客教育不是简单的在课堂上授课，它是集学习动机和情景、教学知识与反馈以及成功教育于一体的教学方式。创客教育最有效的教学方法就是将创客精神和创新方面的知识方法融入不同的教学内容中进行授课，让学生能够随时感受到创客教育的创新意识。可以说这些年中小学教材在培养学生实践创新能力上有了明显改进，我们要支持这种创新改进，以使创客教育和学科教育之间相互影响，共同促进学生素质提高。

4. 创客教育需要“全员参与”

创客教育的初衷是发挥学生的独立思考和动手能力，在平时的日常生活中形成勤于思考、手脑并用的好习惯。它是面向所有学生普及性提升学生整体素质的教育，并不是针对少数人的教育。也不是只有成绩优秀的学生才可以参与，更不是必须要搞发明创造。中小学创客教育的目的就是让所有学生积极参与，结合他们自身状况，找到他们的兴趣点，从日常小制作小创意出发培养他们的创新意识。对于一些有着优质教育资源的学校可以充分利用多媒体教学工具，让学生接触到新鲜的科学技术。如果有不喜欢就想办法努力改变。只有这样才能符合创客教育的初衷，校园里才有生机勃勃的创新现象。

二十三、创客空间在美国图书馆界的兴起

2013 年冬天，美国图书馆协会在西雅图召开了年会，大会的焦点话题之一就是“在图书馆兴起的创客空间运动”。美国图书馆协会专门用整整一天的时间分析和讨论创建图书馆创客空间的相关话题。这表明美国的图书馆管理员对于创客运动具有浓厚的兴趣，并充分表达了他们想要将创客空间引入图书馆，从而帮助图书馆实现转型的意愿。在当时的年会上，一些图书馆的工作人员相互交流了各自的想法和经验，分享了一些在这方面有一定成绩的例子、实施过程以及方案，并

对创客空间需要的各种信息和工具进行了讨论，深入研究了当时创客空间的发展状况和未来的发展方向。在美国，图书馆的工作人员觉得创客空间的建立有利于各个读者群体的文化教育，可以帮助图书馆实现转型，为读者提供更加丰富多彩的资源服务，使图书馆更具活力。

作为《创客杂志》创始人的D·Dougherty教授在年会上发言并提出，创客运动已经渗透到各个图书馆工作人员的身边，它的含义不只是简单地在图书馆安装打印机，其核心在于将创造的理念和思维加入图书馆的日常管理当中，让读者投入更多的激情和兴趣去探索新的知识和技能。成立创客空间的目的是将知识和实践有效结合起来。

二十四、图书馆与创客空间的关系

（一）社会价值趋于一致

创客空间的存在促进了创客之间的相互沟通，将不同的创意融合在一起，并将创意理念转化为真实的产品。在创客空间，他们不仅可以将自己的创意转化为现实，还能在这个过程中结交到志同道合的朋友。图书馆是人们获取知识的重要途径，是提升文化与创新思维的重要场所。在过去，图书馆的价值主要体现在为学生、老师以及科研工作者提供信息资源。近些年来，现代化技术越来越多地运用到图书馆的管理和建设当中，在空间设计、工作方式、服务类型以及器械设备方面都有了较大的改变，以保证图书馆能为读者提供更加先进的服务。

（二）创客空间助力图书馆转型

图书馆服务的宗旨是满足读者的需求，其传统任务是宣传和弘扬我国文化，收集信息和藏书并提供给读者。随着创客运动的发展，图书馆的理念也需要创新发展，任务也发生了变化：通过使读者获得更多的知识，促进读者的沟通交流、交换意见建议，最终提高社区的能力。随着科学技术更新换代的速度加快，社会更加复杂，图书馆应该重新定位自己，通过创新图书馆功能，为科技创新提供有力的帮助，为社会发展做出贡献。在创客空间和创客文化迅速发展的背景下，图书馆可以利用创客寻找发展的机会，以适应现在的发展形势，还可以借助创客机会，为全民提供更多学习新知识的机会，丰富图书馆的现有资源以满足读者对新知识的渴望，为人们终身学习提供平台，实现图书馆应有的价值。

图书馆引进创客空间实现自身的创新和发展，主要体现在以下几方面：①图书馆能够拓展创客的知识和思维，培养他们的创新能力，激发他们的创新潜力，实现图书馆自身的社会价值。②人们充分利用图书馆的资源，帮助人们更好地为社会创造经济效益。③创客不断追求创新，有利于图书馆的创新改革，为人们学习提供资源和场所，是人们更热爱学习，促进人们的自身发展。④图书馆能够根据社会需求的多元化，进行自我的创新发展，改变陈旧的模式，使图书馆焕发新的活力。⑤图书馆不仅仅为人们提供新知识，还能够为志同道合的人提供交流合作的机会。这种变化使得人们更愿意踏入图书馆，既能够学习知识，还能够与合适的人畅所欲言。

（三）图书馆是创客空间的理想平台

图书馆作为公共服务机构，主要为公民提供丰富的知识资源，以满足公民各种需求为己任，通过改革创新丰富自身的服务项目，为公民提供沟通交流的机会，有利于公民实现终身学习的愿望，而且图书馆是非营利机构。所以，创客空间和图书馆的结合可以更好地促进人们参与创新活动，创客团队的成员都有着强烈的团队意识，对创新事业有着浓厚的兴趣，相互之间包容理解，喜欢将自己的想法与别人分享，这与图书馆人所追求的精神境界是相同的。同时，创客来自于各行各业，有着不同的文化水平，加强相互之间的交流与分享，可以促进资源的充分利用，降低成本。除此之外，图书馆积累了丰富的管理经验，创客空间可以借鉴这些经验，将空间的管理变得更加简单和合理。综上所述，图书馆里浓厚的学习气氛为创客活动的开展提供了保障，为创客文化的形成和发展提供了重要平台。

（四）图书馆构建创客空间的几个问题

目前，对于图书馆的管理人员来说，创建创客空间的意愿主要受到以下几个方面的影响。

(1) 图书馆对噪声的承受能力。创客活动需要成员之间的交流和互动，还需要配备一些加工生产用的车间，这就必定会打破图书馆原本安静的环境氛围，不符合图书馆的规章制度，让图书馆变得嘈杂。所以，这也成为图书馆在创建创客空间时需要解决的问题。

(2) 创新项目的属性。也就是说，创新项目是一次就可以完成的，还是需要长期的规划和投入的？因为图书馆对于不同种类的项目是有自己的趋向性和偏好的，所以，创新活动是否与图书馆的要求相一致，就会直接影响到图书馆创建创客空间的意愿。

(3) 软件和硬件的配备。不同类别的图书馆，其资金和经费的分配方式各有不同，所以在软件和硬件的配备上也存在差异。对于一些经费比较富足的图书馆，就会有不断更新的先进设施设备，比如网络、现代化工具等，但是对于那些资金不太充足的图书馆来说，只有最基本的设施设备，不能做到及时更新。这些影响着图书馆管理人员创建创客空间的意愿以及未来的服务水准。

(4) 创客空间的属性。也就是说，创客空间是专门为创客户创建的，还是兼具有其他用途的？由于图书馆的内部空间存在差异，每个空间的规划也各有不同，所以这也会影响到创客空间的构建。

(5) 创客空间的秩序。图书馆历来给人的感觉就是安静整洁的文化场所，创客空间的出现会打乱原本的秩序和环境，影响到图书馆为读者提供常规的服务。所以，常客空间的内部秩序也是图书馆管理人员考虑的问题之一。

第二节　高校层阶式信息素质教育信息平台构建研究

一、平台构建开发的背景

高校通过开展大学生信息素质教育以培养大学生的综合素质，为社会培养人才，更体现高校的素质教育。高校开设文献检索课程，传授文献检索相关知识，提高大学生文献检索的能力和信息意识。不过，大学生的需求日益多元化，单一的文献检索内容和教学方式满足不了大学生需求。随着高校每年录取大学生的人数越来越多，高校现有资源明显不足。高校利用计算机技术、互联网信息化技术和多媒体技术建立了信息学习网站，为大学生提供了培养信息素质的平台，该平台具有交互性、开放性和个性化的特征。目前国际上比较流行的网络教学平台有 Web CT、Black-board、Angel、Atutor、College、Virtual-U 等多种，但 Web CT 和 Black board 是功能最为完善、最广泛使用的两大网络教学平台。国内技术界和教育界在最近几年内也开始致力于引进和开发网络教学平台，如 YouCT、龙腾多媒体远程教育系统、清华网络学习平台、北京大学网络教学平台。大部分普通高校支付不起建立网络教学所需的经费，所以利用信息素质教育平台。

二、平台构建的理论基础与网络环境

(一) 建构主义学习理论

建构主义也译作结构主义，它表示知识不是通过教师传授得到，而是学习者在一定的情境即社会文化背景下，借助其他人(包括教师和学习伙伴)的帮助，利用必要的学习资料，通过意义建构的方式而获得。因此，建构主义学习理论认为，“情境”“协作”“会话”和“意义建构”是学习环境中的四大要素或四大属性。强调学习者的主动性，学生不再被动地学习，而是自发地对知识进行构建；教师也不传授知识，主要负责对学生学习的引导。

(二) 网络环境

信息素质教育是基于计算机、互联网和多媒体技术向大学生提供丰富信息的教育平台，它要求大学生动手操作。互联网技术已经融入我们的生活中，利用互联网技术教学能够提高学生的主动性，符合建构主义学习环境中的四大要素，也使得图书馆建立信息素质教育网站成为可能。

三、平台的体系结构

网站地图、在线学习、在线交流组成了在线素质教育平台。高校大学生层次不同、专业不同，这导致大学生的需求各式各样，更加多元化。而且为了满足大学生不同层次的需求，在线素质教育平台又给大学生提供了三个不同的信息素质能力模块：基础信息、通用信息、专业信息。

(一) 基础信息素质能力模块

通过实践了解并熟练运用检索信息的技术，从而增强学生认识信息的能力和提高信息意识。通过 FAQ 数据库和教育课件来建立这一模块，其中涉及的内容有：熟悉藏书的分布情况和图书馆的大体布局、熟悉图书馆能够提供的服务、熟悉并运用馆内的联机目录和在线资源。

（二）通用信息素质能力模块

学生通过学习掌握获取信息的技术，以提高自己获取信息的能力和意识。这一模块包括网络教程、由图书馆提供数字参考书的链接和相应的拓展课件。具体内容有：学生学会了解自己需要什么样的信息，将这些信息分类，了解信息源的特点，再选择符合自己要求的信息源；能够熟练运用信息检索的策略和方法；可以判断信息的可信度；根据自身的需求保存信息；独立完成调研报告；顺利地进行信息交流；能够合法地进行操作。网络教程运用更加科学、方便的树形导航，学生点击相应的图标就能进行不同章节翻阅的操作；针对部分术语进行链接操作，不懂的学生可以点击术语就会弹出相应的解释，而了解这些术语的学生可以继续浏览阅读，使他们的阅读连贯性不受影响，这样就可以满足不同能力的学生；页面前后导航等形式避免了超文本技术给学生带来的困扰，用非线性、跳跃式的方法代替传统的线性的教学模式。数字参考书链接能够处理版权争端问题，使网络课程增多，也对外展示馆内的数字资源。

（三）专业信息素质能力模块

学生通过实践培养自己获取专业信息的能力，满足自己信息交流的需求，对其科研和创新有很大的帮助。这一模块包括案例汇编、拓展课件。具体内容有：学会评价相关学科的文献；具备判断出文献中的论据是否有效的能力；学生独立撰写所学学科的学术论文。案例汇编是根据学校信息咨询部门课题查新、定题跟踪的案例总结而成。案例经过课题分析、文献资源的锁定和检索范围的确定、选择检索的策略、评价检索结果的有效性、对检索策略进行完善、检索结果组织整理 6 步进行设计，引导学生到具体的案例研究中来，通过对检索问题的分析、研究、探讨进行各个击破，在解决问题的过程中丰富知识，提高获取信息的能力和实践能力。拓展课件主要包括科技论文写作与投稿、工程索引数据库检索与收录、科研项目申报与申报书撰写等。

（四）在线交流

为了实现学生与工作人员就信息资源利用问题进行即时沟通，特开设了在线交流板块。在线交流以腾讯 QQ 插件为依托，利用该插件不需要任何设备和技术投入，软件可以免费从网上下载，而且不受校园网的限制。腾讯 QQ 是一款基于 Internet 的即时通信(IM)软件，支持在线聊天、视频电话、点对点断点续传文件、共享文件、网络硬盘、自定义面板、QQ 邮箱等多种功能，满足了即时性与交互性，用户只要知道工作人员的 QQ 号，提出问题即可得到即时解答。

四、平台的应用与开发环境

该平台是在 Internet 环境下实现的，是典型的浏览器/服务器模式。服务器以 Windows 2000 为操作系统平台，Mi-cros of tIIS 5.0 作为网站的发布平台，用户只需要通过 IE 浏览器就可以访问。采用 Access 2000 作为系统的数据库平台，HomeSite 4.5.2 作为网站开发和网页设计工具，Win-dows 98 和 PWS 作为系统测试环境，在网站设计中应用 ASP 技术。系统还涉及 ASP 网站 QQ 在线交流插件在网页上实现在线显示，实现系统与 QQ 的结合。该平台的开发使信息素质教育从传统单向被动传授转向个性化的双向交流，教学手段由单一媒体向多种媒体转变。

五、基于 Black board 平台的在线信息素质教育

信息素质教育是高校素质教育中的重要组成部分。作为课堂教学的延伸和补充形式，在线信息素质教育突破了传统课堂教学的局限性，成为信息素质教育的发展趋势之一。而利用网络教学平台开展在线信息素质教育是目前美国以及其他发达国家信息素质教育普遍采用的一种方式。在众多的网络教学平台中最具影响力、在世界各地覆盖率最高的当属 Black board 平台。借助 Black board 平台构建一个以学生为中心、以教师为主导的虚拟教学环境，充分调动教学双方的主观能动性，实现个性化、交互式教学，可大大提高大学生信息素质。国外利用 Black board 平台开展信息素质教育较早，网络教学已经相当完善，而国内在这方面还处于探索阶段，在许多方面尚有待进一步研究与完善。

(一) Black board 网络教学平台简介

Black board 在线教学管理平台是目前市场上唯一支持百万级用户的教学平台，拥有美国近 50%的市场份额。全球有超过 2800 所大学及其他教育机构在使用 Black board 产品，其中包括著名的普林斯顿大学、哈佛大学、斯坦福大学、西北大学、杜克大学等。在我国也已有 170 所大学在使用着该产品。Black board 网络

教学平台是一个以互联网为介质的课程管理系统。教师可以在平台上管理教学、编辑组织教学内容、在线考试、批改作业、组织在线答疑、统计分析学生学习情况等。学生可以在平台上选修课程、安排学习计划、查看课程内容、提交作业、参加在线测试、查看学习成绩、协作学习和交流等。系统管理员可以个性化定制平台界面风格、功能；根据学校的实际情况设定、添加、管理用户；统计并管理整个平台的使用情况等。不同学习者之间以及教师和学习者之间可以根据教、学的需要围绕所教、所学的课程进行讨论、交流，形成良好的专门针对教学内容的学术环境，为教师、学生提供了强大的施教和学习的网上虚拟环境。

(二) Black board 网络教学平台功能划分

Black board 网络教学平台是一个真正的学习平台，并非教学服务网站。平台以课程为核心，每一个课程都具备独立的学习区、交流区、考试区、管理区。

1．内容资源管理

教师可以方便地发布、管理、组织教学内容。例如创建课程文件夹结构来编排相关课程内容；公布通告、课程资料、任务、教学资源链接、教授和学生简介等信息；通过互联网下载课程文件并管理课程内容；支持下载和发送各类格式文件；自动开放或关闭课程；通过弹出的网站地图方便地对课程区进行导航，等等。

2．在线交流功能

为用户提供同步(虚拟教室)以及异步(讨论板)交流工具，增强学习效果。通过讨论板、实时的虚拟教室互动和小组交流，实现协作学习的效果。

3．考核管理功能

试题库管理功能：可编辑生成八种题型，可随机生成试卷，并可多次重复使用。创建实时测验：提供受密码保护的测验、限时的测验。平台对客观试题可自动判分，学生可立即获得测试结果。教师可通过平台对主观试题判分。测验定时功能：可设置考试时间(到时间试卷自动关闭)以及考试开放时间。

4．系统管理功能

灵活、方便的用户、角色管理功能以及分级授权管理机制；系统注册和课程创建，对课程的综合管理；跟踪统计学生的学习进度和学习效果，生成系统整体的统计报告。

（三）在线信息素质教育的 SWOT 分析

1. S(strengths)——优势

第一，Black board 网络教学平台简单易用，易于维护且具有安全保障。

Black board 网络教学平台具有直观的界面、简单易用的工具，师生只要会用浏览器、收发电子邮件就可以进行在线的信息素质教学，而且管理维护比较简单，可以减少技术维护支持成本，提高教学机构的投资回报率。Black board 安全性能高，且具有完整的备份体系。Black board 通过采用 BSS 结构、自身的认证方式以及和 SSL 技术无缝结合三种方式实现安全保障。为了防止一些重要数据丢失，比如学生成绩、试题等，Black board 提供完整的备份体系，管理员和教师都可以对该平台的内容进行完整的备份。

第二，可以解决信息素质教育教学资源严重不足的问题。

Black board 网络教学平台大容量、高稳定性，支持大用户量使用，现可同时支持 40 万门课程，540 万用户，运行时间 99.96%。纽卡索(英国)大学：支持 1.4 万个用户，制作 2100 门课程，只用 6 个月的时间。积木模块设计，开放的 API，对于系统的修改，通过数据库接口实现，使系统使用更稳定，升级更方便。Black board 的这个优势，使得教师在进行在线信息素质教育时可设置多门课程，容纳更多的学生。信息素质教育教学活动不再受时间和空间的限制，从而解决由于扩招和信息素质教育作为面向全校学生开设的一门公共课所导致的教育教学资源严重不足的问题。

第三，层次化、专业化和模块化的教学内容满足学生个性化发展需要。

在线信息素质教育整个教学活动是在计算机技术、多媒体技术和网络技术支撑下完成的。Black board 网络教学平台采用模块化架构，支持多种应用在计算机群上的数据传输。而高校中学生群体具有不同层次的信息素质能力，为满足学生的不同学习需求，教师在注重培养学生信息意识和信息道德前提下，利用平台模块化功能，设计出层次化、专业化和模块化的在线信息素质教学内容。教学内容分为基础信息素质能力模块、通用信息素质能力模块、专业信息素质能力模块。基础信息素质能力模块主要是强化对信息的认识、增强信息意识与道德，掌握一定的信息获取技术；通用信息素质能力模块主要强化信息获取能力、信息获取技术、提高信息意识与道德；专业信息素质能力模块主要是强化专业信息综合与利用能力、信息交流能力、科研创新能力。学生可以利用预先测验功能，根据预先测验的结果进行非线性的、跳跃式的学习。

第四，集成化的信息资源为在线信息素质教育提供了良好的教学环境。

信息资源是利用 Black board 网络教学平台开展在线信息素质教育的最重要

的组成部分。在线信息素质教育资源有图书馆馆藏资源、免费存取资源、重点学科的科研资源、精品课程的教学资源等。而Black board网络教学平台具有可定制、互操作、可扩展和角色灵活性等多种技术特性，易于通过技术整合，实现“一平台，一门户，多应用”的无缝链接。为了支持课程所要求的图书馆资源与服务集成的需求，可以扩充Black board的功能，利用教学参考资料链接工具Link Maker，直接集成课程级资源；为Black board添加RSS feeds扩展功能，集成动态的、最新的课程资源；把Black board与图书馆自动化系统或教参系统集成，为教学提供参考资源服务。这种在Black board网络课程平台中集成化的信息资源为在线信息素质教育提供了良好的教学环境。

第五，是以学生为主体、以课程为中心的全新教学模式。

基于Black board网络教学平台的在线信息素质教育，向学生提供了更广泛和更全面的信息素质教育内容。学生在信息素质教学课程的引导下，自己选择学习内容、自定学习进度、自控学习难度、自测学习效果。而教师可以根据国内外在线信息素质教育的教学经验和成果，采用辅导式、咨询式、练习式等教学方式实现这种交互式教学。学生作为信息加工的主体，具有广阔的信息资源空间和思维空间，他们可以充分利用black board网络教学平台提供的同步交流和异步交流工具与教师、其他学生、系统之间进行实时交流，营造出协作式的学习环境，体现“课件学习+互动社区”的教学新理念；在线测试等工具可以实现学习效果的检测和评价，图书馆可利用此类在线工具，实现在线信息素质教育的反馈功能。教师就可以通过平台提供的畅通的交流渠道、完善的反馈功能，及时更新在线信息素质教育资源，有利于帮助学生更好地理解和吸收新知识，拓展学生的思维空间，激发学生的创新思维和创新能力。

2. W(weak ness)——劣势

(1) 成本问题。北京赛尔毕博信息技术有限公司为美国Black board公司在中国与赛尔网络有限公司的合资公司。赛尔毕博公司将Black board平台以非开源的方式经营出售，在中国主要销售面向大学的教学平台产品，收费方式分为年费制和一次性买断两种。中国70%的客户采用年费制，即每年付一定的费用，其他客户则采用一次性买断，然后再支付升级和技术支持与维护的费用。一般来说，一次性买断的费用是年费的三倍。高校欲引入Black board网络教学平台进行教学必须投入高额资金购买，而高校的资金来源渠道比较单一，主要靠财政拨款，那么成本问题就成为利用Black board网络教学平台进行在线信息素质教育的首要问题。

(2) 平台运行容易受网络学习环境的影响。网络学习环境是软件平台运行的基础，网络不稳定，平台也就难以运行。网络由于这样或那样的原因时常掉线，运行不稳定的话，会直接影响师生使用该平台的积极性，影响教师建设课程的进度。而学校机房条件是否能满足所有学生随时上机的需要，也是影响学生利用该平台学习的一个主要因素。

(3) 教师教学工作量增大。学生在 Black board 网络教学平台的方便快捷操作来源于教师对平台资源的相应管理和相关设置。教师作为资源的主要建设者以及平台管理者，相对于传统信息素质教学来说工作量反而增加了。教师除了进行在线信息素质教学设计外，在平台上还需提供丰富的相关的教学资源，设置相应的平台活动以及反馈测试等，并对教学内容、教学资源、测试、用户等方面进行管理。教师在课外进行教学指导和答疑的时间也会大大增加，如果不能对教师的工作进行有效的评价，那必定会对教师使用网络教学平台进行教学产生消极的影响。

(4) 缺乏课堂教学中的面对面交流。课堂教学中面对面的交流方式更有助于促进合作，其学习效率与效果要好于计算机网络学习环境下文字的交流；而 Black board 网络教学平台主要提供进行笔头交流的工具，这一点不利于学生口头表达能力的锻炼。

3. O(oppor tunities)——机遇

(1) 校园信息化的建设和完善为开展在线信息素质教育提供了环境基础。随着教育信息化不断推进，传统信息素质教育模式已经受到信息化浪潮的强烈冲击。大学生在线信息素质教育是适应教育信息化发展的需要，也是培养创新人才的需要。计算机多媒体技术和网络技术的迅速发展，校园信息化的建设和完善，网络环境的形成，以及高校教师和学生素质的提高，为利用 Black board 网络教学平台开展在线信息素质教育创造了契机。

(2) 存在需求。随着网络技术的发展，网络信息资源日益丰富，读者需求不断发展变化，使学生对隐性需求表达更为困难，而传统的信息素质教育模式是被动、单向的，不能满足更大范围和更深层次的大学生信息素质教育要求，相同的教育内容和教学方式，不能满足具有不同层次学生的个性化需求。随着学校大规模的扩招，学生人数的急剧增多，传统文献课课程学时有限，从而限制了学生选课的人数。这种矛盾使利用 Black board 网络教学平台开展在线信息素质教育产生了内在需求。

(3) 国内外成功案例可以借鉴。国外利用网络教学平台开展信息素质教育的时间较早，网络教学方面的经验值得我们借鉴。美国利用 Black board 进行在线信息素质教育的大学有鲁根特大学、普林斯顿大学、芝加哥大学、伯明翰大学、新奥尔良罗佑拉大学、迪金森学院、德克萨斯大学奥斯汀分校、鲁根特大学、美国费城大学等。其中美国的鲁根特大学图书馆从 1999 年开始利用 Black board 提供在线课程。普林斯顿大学图书馆的Black board网络教学系统对学生和员工提供不同服务。费城大学利用Black board建立了在线信息素质教育项目站点。澳大利亚有昆士兰大学、麦考瑞大学、昆士兰科技大学、塔斯马尼亚大学等大学图书馆利用Black board网络教学系统开展在线信息素质教育课程。其中可以借鉴的经验：利用平台提供的课件维护功能及时对课件的内容做调整；实施合理的访问控制机制；利用预先测验，让学生了解自己已有的基础，并决定是否有必要继续进行学习以及学习什么内容；适当控制学习每一学习单元所需的时间，以保证学生的学习效率。

国内的在线信息素质教育与国外相比起步较晚，但也有少数院校在利用Black board平台进行在线信息素质教育方面进行了有益的尝试与探索。例如：武汉大学利用Black board教学管理平台建立了旨在培养全校本科生信息素质的网络信息检索远程教学平台。华北煤炭医学院依托Black board网络教学平台进行了医学信息检索网络课程建设。新乡医学院利用Black board网络教学平台进行信息素质教学。广东工业大学利用Black board构建了远程教学平台开展在线信息素质教育。他们通过教学实践找出在使用过程中存在的问题，并针对问题对平台进行了完善。

4. T(threats)——挑战

(1) 观念阻碍。利用网络教学平台进行信息素质教育在国内尚处于起步阶段，网络教学的应用时间不长，特别是利用Black board开展网络自主性的学习也是一种新的尝试，教师和学生习惯了传统教学的讲授式教学手段和方法，对这种新的网络教学模式的认识有限，会在一定程度上受到传统教学观念的制约。

(2) 经费障碍。经费是高校最重要的资金来源，是制约高校利用Black board网络教学平台进行网络教学的最重要因素之一。由于高校间管理体制的不同，经费的来源也不同，因此，要得到某一管理系统持续地投入资金来开展网络教学，难度颇大。

(3) 著作权障碍。著作权的保护对象是非公共信息，在利用Black board网络教学平台进行在线信息素质网络教学的过程中，需要在平台上集成化信息资源，而将文献资料以扫描、录入等方式进行数字化转换，把文献提供给用户进行网上浏览、下载和传递，扩大作品的传播范围，必然侵犯了非公共信息所有者的著作权，那么必然要面对著作权保护的问题。

(4) 评价标准障碍。信息素质教育评价标准是信息素质教育的指南，也是信息素质能力评价的依据。国外关于信息素质评价标准的研究起步较早，并取得了一些成果。而我国对信息素质评价标准的研究起步较晚，到目前为止还未形成一个正式的具有权威性的全国信息素质教育评价标准体系，以致我国信息素质教育缺乏应有的规范性和统一性。

从以上 SWOT 分析结果可知，利用 Black board 网络教学平台进行在线信息素质优势与劣势兼有，机遇与挑战并存。教师应充分发掘其优势，面对机遇，迎接挑战，并针对存在的问题对平台进行完善，为学生信息素质教育营造一个良好的虚拟环境，提高在线信息素质教育质量。

（四）基于 Black board 平台的在线信息素质教育面临的困境

1. 缺乏统筹规划和权威机构的管理

目前国内利用 Black board 平台开展在线信息素质教育的高校数量不多，仍处于探索和尝试阶段。各高校基本上是各自为政，缺乏合作，教学资源重复建设较多，缺乏网上教育资源共建共享意识，教学活动缺乏统一的制度、规范、标准等的指导。

2. 缺乏信息素质能力评价标准

信息素质能力标准是高校信息素质教育的指南，也是信息素质能力评价的依据。国外关于信息素质评价标准的研究较早，并制定出了相关的标准。而我国对信息素质能力评价标准的研究尚处于探索阶段，到目前为止还未形成一个具有权威性的全国信息素质教育评价标准体系，致使我国信息素质教育缺乏应有的规范性和统一性。

3. 平台运行对高校信息化环境要求较高

网络学习环境是软件平台运行的基础，如果网络不稳定，平台也就难以运行，势必会影响师生使用该平台的积极性。尤其是学生随时上机的需要是否能够满足，也是影响在线信息素质教育的一个主要因素。而教师的信息素质、业务能力、服务态度也直接影响着学生对在线信息资源和设备的利用。

4. 在线信息素质教学资源的版权问题

在 Black board 平台上开展在线信息素质教育的核心是网络教学资源建设以及对教学资源的共享、利用与传播，因此必然涉及网络信息资源的版权问题。教学资源的版权问题笔者认为有两个方面，一是教学资源中包括大量的教学幻灯片、教学讲义、教学录像等大量的数字多媒体内容，如果任意下载使用和传播，就会严重地损害教师精心备课的成果及资料版权所有。二是在集成化的教学资源中非公共信息所有者的版权问题。因此，如何在网络环境下对教学资源版权保护与共享之间进行平衡，成为一个迫在眉睫的现实问题。

5. 教师教学工作量的评价问题

教师作为 Black board 平台的主要建设者和管理者除了进行在线信息素质教学设计外，还需对教学内容、教学资源、测试、反馈、设置相应的平台活动和用户等方面进行管理，而且在课外进行教学指导和答疑的时间也会大大增加，这相对于传统信息素质教学来说工作量大大增加。如果对教师的工作量不能进行有效的考核，就会影响到教师使用平台进行教学的积极性。

(五) 基于 Black board 平台的在线信息素质教育的改进建议

1. 对在线信息素质教育进行统筹规划和管理

国外信息素质教育的实施得益于权威机构和协会的统筹规划和管理。国内在开展在线信息素质教育时可以借鉴国外的经验，在宏观层面上，由教育部和高等学校图书情报工作指导委员会负责全国在线信息素质教育统筹规划和管理工作。并组织高校统一规划信息素质教育资源，制定课件制作标准，协调课件内容，分工协作，建立分布式、合作化的虚拟学习社区。在中观层面上，通过不同学校之间的合作、各种类型图书馆联盟的合作，整合各类有关信息素质教育的特色资源，实现信息资源的共建共享。在微观层面上，基于 Black board 平台的在线信息素质教育有赖于学校教务管理部门、信息化部门、教育技术中心、各个院系和人事管理部门的通力合作。

2. 制定信息素质教育评价标准

一套科学的信息素质教育评价标准，既能作为信息素质教育的指南，也可为信息素质能力的评价提供依据。国内应借鉴国外相关信息素质教育评价标准，如美国大学与研究图书馆协会(ACRL)颁布的“高等教育信息素质能力标准”，制定出符合我国国情的信息素质评价标准，对构建在线信息素质评价框架有重要的作用。在标准中应制定出适合于在线教育的评价标准和评价指标，其中应包括对网络教学课件的评价和对学生学习效果的评价两个方面。而在评价方法和评价策略选择方面，教师应该更加注重在线教育评价的及时性和情境性。

3. 营造良好的在线信息素质教育环境

在线信息素质教育是建立在网络技术、多媒体技术、通信技术等现代化技术基础上的。为在线信息素质教育提供一个高效、快速、畅通的网络环境，是基于

Black board 平台开展在线信息素质教育的一个先决条件。这就需要高校决策层、教学主管部门给以足够的重视，出台有关政策及管理文件，为在线信息素质教育的实施提供政策保障。学校要进行校园网的规划，加大资金投入力度，增加多媒体教室，配备相关设备，使校园网进入教室和学生的宿舍，为学生提供更多使用平台的机会。教学管理部门应与有关部门沟通，根据学生具体的选课情况，为学生提供适当的自由上机时间。与此同时，高校必须加强对专任教师进行 Black board 平台教学的相关培训，通过培训使教师尽快掌握平台操作能力。重视教师信息素质的在职教育和继续教育，使其不断更新知识结构，以适应用户信息需求多样化和业务管理现代化的要求，并能选择先进的教学设计模式提高在线信息素质教育课程水平，利用成功的教学方法培养学生的在线信息素质。

4．平衡版权保护与教学资源共享的关系

为维护教师精心备课的成果及资料版权所有，除了建立合理的访问机制外，还可以利用数字版权保护技术对其进行保护。数字版权管理(Digital Rights Management，DRM)是指数字化内容在生产传播、销售、使用过程中知识产权保护的技术工具。数字版权管理技术的出现为数字信息产品免于未授权的使用、传播、复制提供了一种手段。教师发布的教育信息资源，如电子课件、电子书籍、教学录像、教学 MP3、教学文件，都可以使用 DRM 技术实现版权保护。

为了规避非公共信息所有者版权问题，一个行之有效的方法就是进行开放性信息素质教育资源的采集。开放性资源具有免费获取、无版权问题及可信度高等特点。在线信息素质教育开放性资源主要涉及获得许可和通过授权的各种信息素质教育的相关数字资源。根据全面性、针对性、选择性等原则，通过开设开放式课程的大学官方网站、开放式课程资源的整合网站、专业性学习网站、开放存取的机构仓储、开放参考资源、著名在线信息素质教育平台、大学图书馆、信息素养协会的网站、图书馆协会官方网站、分类信息评价网站和权威教学管理机构对各类信息意识教育的资料、开放式在线课程、信息评价标准以及信息能力的培训资料等进行采集。

5．制定相应的激励机制

教师参与在线教学，教学管理部门和人事部门应该给予相应的鼓励政策支持，制定评价从事在线教学教师工作量的标准，并建立有效的评价机制，通过业务奖励、职称晋升或绩效挂钩的方式激发教师更多的主观能动性。

在线信息素质教育不是对传统信息素质教育形式的取代，两者是相辅相成的关系。将在线信息素质教育形式与传统信息素质教育形式有机地结合起来，可以更好地实现信息素质基础理论与具体技术的综合教学，实现优势互补。

第三节　信息素质教育信息数据库的相关研究

一、中文信息数据库

随着信息资源电子化的发展，中文信息资源数据库的发展也越来越快。目前，比较有代表性的三大中文信息数据库有中国知网、维普资讯和万方数据。其中中国知网和万方数据是综合性数据库，包含期刊、学位论文、专利、标准、会议文献等。另外，还有超星电子图书、书生电子图书和方正教参电子图书等电子图书类数据库，以及中国人民大学复印报刊资料数据库、中国经济信息网、北大法意网等专业型数据库。

二、外文信息数据库

外文信息数据库又分为外文摘要型数据库和外文全文型数据库两类。

外文摘要型数据库将描述文献(图书、期刊、专利、会议文献等)外部特征和内部特征的信息(如书名、刊名、作者、关键词、摘要等)提取出来，利用数据库技术，按照一定的原则和方法，将上述信息进行组织编排，提供尽可能多的检索途径，方便用户在海量的信息集合中快速、准确地查询有价值的参考文献。该类型数据库只提供摘要、索引等信息，不提供全文，如 EI Village(工程索引数据库)、SciFinde。Scholar(美国化学文摘网络版)和 ISI Web of Knowledge(科学引文索引数据库)等外文摘要型数据库。

当外文摘要型数据库的内容不能满足我们深度参考的要求时，我们需要求助于外文全文型数据库。在外文全文型数据库中，我们可以检索到原始文献，看到文献原貌，也能详尽地了解文献内容，如 EBSC0 数据库、Springer Link 数据库、ACs 数据库、Elsevier scienceDirect 数据库、Wiley 数据库和 ProQuest 数据库等外文全文型数据库。

参 考 文 献

蔡莉静．2013．图书馆网络化基础[M]．北京：海洋出版社．
查先进．2004．信息政策与法规[M]．北京：科学出版社．
陈荣，霍丽萍．2015．信息检索与案例研究[M]．上海：华东理工大学出版社．
陈伟．2014．信息资源检索与利用[M]．北京：国防工业出版社．
陈艳梅．2017．高校图书馆与大学生信息素质教育[M]．大连：辽宁教育出版社．
陈庄，刘加伶，成卫．2005．信息资源与组织管理[M]．北京：清华大学出版社．
董焱．2003．信息文化论[M]．北京：北京图书管理出版社．
杜舒娟，张雪莲，常新平，等．2010．基于 Black board 平台的在线信息素质教育探讨(10)．
何秀荣．2013．转型发展中的大学图书馆研究[M]．徐州：中国矿业大学出版社．
胡春，王筱明，冯凯．2008．现代信息检索教程[M]．北京：北京交通大学出版社．
华智杰，高欣．2018．高校图书馆推进大学生思想政治工作的方法研究[J]．郑州：农家参谋，(07)．
吉十云．2004．图书馆学导论[M]．内蒙古和浩特：远方出版社．
赖茂生．2006．信息资源管理教程[M]．北京：清华大学出版社．
李贵成，张金刚．2016．信息素养与信息检索教程[M]．西安：华中科技大学出版社．
李雄杰．2014．创新教育探索[M]．北京：中国水利水电出版社．
刘芳，朱沙．2017．大学生信息素养与创新教育[M]．武汉：华中科技大学出版社．
卢小宾．2009．信息检索[M]．北京：科学出版社．
罗曼．2005．信息政策[M]．北京：科学出版社．
马张华，黄智生．2007．网络信息资源组织[M]．北京：北京大学出版社．
莫力科．2005．大学生信息能力建设模式与实证研究[D]．浙江大学．
牛继舜．2014．提升组织学习能力的策略与方法研究[M]．北京：经济日报出版社．
牛世建．2018．基于应用型人才培养的地方高校图书馆工作创新策略探析[J]．哈尔滨：经济研究导刊．(07)．

彭莲好. 2014. 现代信息检索基础教程[M]. 武汉：华中科技大学出版社.
沙勇忠. 2004. 信息伦理学[M]. 北京：北京图书馆出版社.
孙瑞祥. 2009。当代中国流行文化生成机械与传播动力阐释——以流行文学、媒体文化为研究框架[J]. 天津：天津师范大学学报，(6).
谭迺立. 2015. 信息素质教育[M]. 北京：人民邮电出版社.
唐永林，葛巧珍. 2003. 网络时代信息基础与检索[M]. 上海：华东理工大学出版社.
王军光，马芳，冯宏宇. 2017. 大数据下图书馆信息服务模式研究[M]. 北京：科学出版.
卫传荣，陈晓波. 2005. 文献信息方法论—信息素质教育读本[M]. 北京：机械工业出版社.
吴玉荣. 2003. 互联网与社会主义意识形态建设研究[J]. 北京：当代思潮，(6).
伍雪梅. 2014. 信息检索与利用教程第二版[M]. 北京：清华大学出版社.
肖珑. 2003. 数字信息资源的检索与利用[M]. 北京：北京大学出版社.
许家梁. 2009. 信息检测第二版[M]. 北京：国防工业出版社.
许征尼. 2010. 信息素养与信息检索[M]. 合肥：中国科学技术大学出版社.
杨志斌. 2016. 大学生信息素质教育[M]. 西安：西安科技大学出版社.
于川. 2017. 实践哲学语境下的生态伦理研究——保罗·汤普森哲学启示[D]. 北京：中国科学技术大学.
袁润，沙振江. 2014. 大学生信息素质初级教程[M]. 南京：江苏大学出版社.
袁曦临. 2011. 信息检索第五版[M]. 南京：东南大学出版社.
袁新芳，樊瑜. 2013. 实用信息检索[M]. 徐州：中国矿业大学出版社.
张琪玉. 2003. 情报检索语言实用教程[M]. 武汉：武汉大学出版社.
张雪莲，杜舒娟，常新平，蔡学文，杨焕敏. 2010. 大学生信息素质教育与创新能力的培养[J]. 哈尔滨：黑龙江科技信息，(34).
张雪莲，王立荣. 2006. 论高校图书馆的信息素质教育[J]. 呼和浩特：内蒙古科技与经济.
张雪莲，殷宝双，窦淑庆，等. 2010 大学生信息素质教育与创新能力的培养[J]. 北京：农业图书情报学刊，(10).
张雪莲. 2010. 利用Black board网络教学平台进行在线信息素质教育的SWOT分析[J]. 南昌：图书馆学研究，(11).
张雪莲. 2017. 法定条件下图书馆分享作品的免责权探究[J]. 太原：山西档案，(5).
张雪莲. 2017. 全媒体背景下图书情报的信息资源整合[J]. 南宁：出版广

角，(16).
赵丙军．2013．基于知识图谱的体验实践教学研究进展[J]．上海：实验室研究与探索，(1).
赵静．2014．信息检索与利用[M]．北京：清华大学出版社．
赵仍瑄，冯新．2007．文献检索与分析策略[M]．北京：化学工业出版社．
钟义信．2002．信息科学原理[M]．北京：北京邮电大学出版社．
朱立新．2007．信息素质教育与企业信息化[M]．北京：中国社会科学出版社．
庄善洁，迟秀丽．2012．泛在知识环境下的大学生信息素养教育[M]．北京：知识产权出版社．
邹振环．2014．20 世纪 80 年代译史史料的整理和研究[J]．北京：东方在线，(1).